LECTURES ENFANTINES

FAISANT SUITE AUX

TABLEAUX DE LECTURE

À l'usage des petits garçons et des petites filles
de 7 à 9 ans

Par TH. HATT

INSTITUTEUR PUBLIC, DIRECTEUR DE L'ÉCOLE PRIMAIRE SUPÉRIEURE
DE MOLSHEIM; OFFICIER D'ACADÉMIE
CHEVALIER DE L'ORDRE DU LION DE ZÆHRINGEN.

Lire c'est penser.

DEUXIÈME PARTIE.

PARIS ET STRASBOURG

LIBRAIRIE DE Vᵉ BERGER LEVRAULT ET FILS

1870

X

26198

LECTURES ENFANTINES

FAISANT SUITE AUX

TABLEAUX DE LECTURE

Ouvrages du même auteur.

PETIT COURS D'EXERCICES DE LANGAGE ET D'IN-TELLIGENCE, OU LEÇONS DE CHOSES, pour les salles d'asile et les écoles enfantines.
Vol. in-12. Prix : 1 fr. 20 c.

PETIT COURS DE GRAMMAIRE FRANÇAISE, d'après la méthode synthétique. La plus simple des grammaires publiées jusqu'à ce jour.
3e édition. Vol. in-12. Prix 1 fr. 10 : c.

RECUEIL MÉTHODIQUE DE COMPOSITIONS FRANÇAISES, formant un cours complet de style, à l'usage des écoles primaires des deux sexes.
Couronné par la Société pour l'instruction élémentaire de Paris.
Un fort volume in-12. Prix : 2 fr. 50 c.

CITOLÉGIE RATIONNELLE, nouvelle méthode de lecture, très-simple, très-facile et rigoureusement graduée; combinée avec des exercices spéciaux de langage, de composition et de décomposition, destinés à faire penser les enfants et à leur rendre les leçons de lecture aussi intéressantes que profitables.

1° Trente-quatre tableaux, avec lettres
   mobiles . . . . 5 fr. 15 c.

2° Manuel du maître, in-8°, renfermant,
   outre les exercices, tous les tableaux et disposé de manière à
   pouvoir servir pour l'enseignement
   privé. 2e édition. . . . . 1 fr. 75 c.

Ouvrage couronné par la Société pour l'instruction élémentaire et qui a valu à l'auteur la décoration du Lion de Zæhringen (Bade).

LECTURES ENFANTINES

FAISANT SUITE AUX

TABLEAUX DE LECTURE

A l'usage des petits garçons et des petites filles
de 7 à 9 ans

Par TH. HATT

INSTITUTEUR PUBLIC, DIRECTEUR DE L'ÉCOLE PRIMAIRE SUPÉRIEURE
DE MUNSTER, OFFICIER D'ACADÉMIE
CHEVALIER DE L'ORDRE DU LION DE ZÆRRINGEN.

Lire c'est penser.

DEUXIÈME PARTIE.

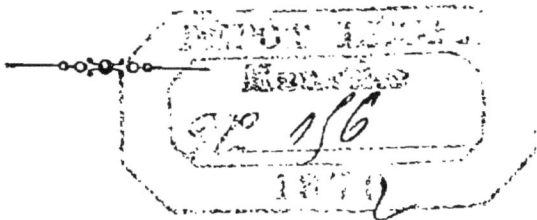

STRASBOURG

IMPRIMERIE DE Ve BERGER - LEVRAULT

1870

LECTURES ENFANTINES.

Le bon Dieu.

Le bon Dieu est là-haut dans le ciel, avec les anges et les braves gens qui ont quitté la terre.

Mais il voit de là-haut tout ce que nous faisons ici-bas; il entend tout ce que nous disons; il sait tout ce que nous pensons.

Quand nous faisons le mal, cela lui cause de la peine; quand nous faisons le bien, cela lui procure du plaisir, car il nous aime bien, il est notre bon père céleste.

Il a fait le ciel et la terre et tout

1

ce qui s'y trouve : le soleil, la lune et les étoiles; les hommes et les animaux, les plantes et les pierres.

Chaque jour il nous donne tout ce qu'il faut pour vivre et être heureux.

C'est lui qui fait croître les plantes des champs et l'herbe des prairies; c'est lui qui fait pousser les arbres et nous envoie tantôt le beau temps, tantôt la pluie.

C'est aussi le bon Dieu qui nous donne la santé et les forces dont nous avons besoin pour le travail.

Dieu est notre plus grand bienfaiteur, voilà pourquoi nous devons l'aimer de toute notre âme.

Dieu est notre juge, donc nous devons être bons et sages et bien nous garder de faire le mal; nous devons aussi prier chaque jour et obéir à nos parents et à nos maîtres.

Le bon Dieu n'aime pas les méchants et les abandonne; alors ils tombent dans le malheur et rien ne leur réussit plus; ils sont tristes et mécontents et ne dorment plus tranquillement, car ils ont une mauvaise conscience.

Les braves gens, au contraire, ont toujours le cœur content; ils savent que le bon Dieu les aime et les protége, et qu'il ne leur arrivera rien sans la volonté de leur bon père qui est au ciel.

Rendez-moi donc pieux et sage, ô bon Dieu! afin que je fasse plaisir à mes parents et à mes maîtres et que je trouve un jour une place auprès de vous, dans votre demeure céleste.

Les jours et les mois.

Le jour est le temps qui s'écoule entre le lever et le coucher du soleil.

Les jours n'ont pas tous la même durée.

Ils sont plus longs en été et plus courts en hiver.

Le plus long jour est de seize heures.

Le jour le plus court est de huit heures.

La nuit est le temps qui s'écoule entre le coucher et le lever du soleil.

Les nuits d'été sont courtes.

Les nuits d'hiver sont longues.

La nuit la plus courte dure huit heures.

La nuit la plus longue est de seize heures.

C'est le soleil qui nous éclaire et nous chauffe pendant le jour.

La nuit, on voit briller au ciel la lune et les étoiles.

Le jour, il y a aussi des étoiles au ciel, mais on ne les voit pas.

Leur éclat est si pâle, que la clarté du soleil les efface complétement.

Lorsque le ciel est couvert de nuages, on ne voit ni la lune, ni les étoiles.

Le milieu du jour porte le nom de *midi*.

Les heures qui s'écoulent avant midi, forment le *matin*.

Les heures qui s'écoulent après midi, forment le *soir*.

Le milieu de la nuit porte le nom de *minuit*.

Les belles couleurs qui colorent le ciel au moment du lever du soleil, forment l'*aurore*.

Sept jours réunis composent une *semaine*.

Voici les noms des jours de la semaine : Dimanche, lundi, mardi, mercredi, jeudi, vendredi et samedi.

Un *mois* est un espace de trente ou de trente et un jours.

Voici les noms des douze mois : Janvier, février, mars, avril, mai, juin, juillet, août, septembre, octobre, novembre et décembre.

Ces douze mois réunis forment une année.

L'année ordinaire se compose de trois cent soixante-cinq jours.

L'année bissextile renferme trois cent soixante-six jours.

Il y a une année bissextile tous les quatre ans.

Dans ce cas, le mois de février compte vingt-neuf jours, au lieu de vingt-huit.

Trois mois réunis forment un trimestre, et six mois, un semestre.

L'année se divise encore en quatre saisons, savoir : le printemps, l'été, l'automne et l'hiver.

Chaque saison dure à peu près trois mois.

———

RÈGLE DE LECTURE.

an, ant, anc, ang, en, ent, eng, ens,
end, ends, am, amp = an.

Un plan, un pantalon blanc, le banc, le troisième rang, un plant, un encan, l'endroit, un hareng, le sang, un homme franc; cet enfant est charmant, il est prudent, mais il est trop lent.

Le bûcheron fend du bois. Je prends ma plume. Les soldats vont au camp. Les laboureurs cultivent les champs. Un musicien ambulant. J'ai mal aux dents. Mon frère est absent. Il faut écrire lentement. Louise apprend sa leçon. Comment vous portez-vous ?

———

Les enfants imprudents.

Trois jeunes enfants, deux garçons et une petite fille, étaient allés dans le bois pour y chercher des fraises.

Ils en trouvèrent quelques-unes et aussi quelques mûres sauvages, et ils les mangèrent.

Tout à coup ils virent près d'un buisson des plantes à feuilles vertes, semblables à des pieds de haricot.

Chaque pied portait une belle baie noire, de la grosseur d'une cerise.

Les enfants ne connaissaient pas ce fruit, et ils auraient dû bien se garder d'en manger.

Mais ils cédèrent à leur gourmandise et en goûtèrent.

Les baies étaient sucrées et d'un goût assez agréable, et les jeunes imprudents les mangèrent toutes jusqu'à la dernière.

Ensuite ils rentrèrent chez eux.

Mais bientôt ils se plaignirent de coliques affreuses.

Ils avaient une fièvre violente, et leurs pupilles étaient largement ouvertes.

Un médecin fut appelé, mais il arriva trop tard.

Les pauvres enfants, en délire, se roulaient dans leurs lits, en poussant des cris déchirants.

Les remèdes employés ne produisirent point d'effet, et le soir ils étaient morts tous les trois.

Les fruits qu'ils avaient mangés, étaient des belladones.

Or, la belladone renferme un poison violent.

———————

Le puits, la pompe et la fontaine.

Pour avoir de l'eau fraîche, il faut aller en chercher au puits, à la pompe ou à la fontaine.

Le puits est très-profond et il est entouré d'une margelle.

On voit l'eau briller tout au fond.

Pour la monter, on se sert de deux seaux, attachés à une chaîne.

Cette chaîne passe sur une poulie.

Pendant que l'un des seaux monte, l'autre descend.

La pompe est beaucoup plus commode : un enfant peut y puiser de l'eau.

Il suffit de mettre en mouvement la brimbale, et aussitôt l'eau jaillit par le tuyau d'écoulement.

Quant à la fontaine, l'eau s'en écoule d'elle-même, constamment, et sans qu'on ait besoin de rien faire.

A côté des puits, des pompes et des fontaines se trouve d'ordinaire une grande auge en pierre, où l'on abreuve les chevaux, les bœufs et les vaches.

L'eau de puits et de fontaine est toujours fraîche et claire.

Elle ne s'épuise jamais, excepté quand il fait très-sec pendant longtemps.

C'est la pluie qui fournit cette eau.

Elle pénètre dans la terre et forme les sources.

Au fond de chaque puits, il y a une source.

L'eau des fontaines vient ordinairement de loin, dans des conduites en bois, en fer ou en terre cuite.

RÈGLE DE LECTURE.

in, ins, int, im, ain, aim, ein,
yn, ym = in.

Je vins, tu vins, il vint; un bec fin, un incendie, du crin; une chose impossible, un homme impartial; du levain, un bain; un essaim d'abeilles, j'ai faim; un verre plein de vin; le teinturier teint les étoffes; cette pau-

vre femme est tombée en syncope;
un symbole, la sympathie.

La moisson.

A la fin du mois de juillet ou au
commencement du mois d'août, les
céréales mûrissent.

C'est d'abord l'*orge,* puis le *seigle,*
enfin le *blé* ou *froment.*

On coupe l'orge avec la faux; on
laisse les *javelles* pendant deux ou
trois jours étendues au soleil, pour
bien faire sécher, ensuite on charge
la récolte sur un char à ridelles et
on la conduit dans la grange.

On coupe le seigle et le froment
avec la faucille, poignée par poignée.

On étend chaque poignée par terre,

en formant de longues javelles; on laisse bien sécher, et, deux ou trois jours après, on en fait des *gerbes*.

Chaque gerbe est composée de deux brassées de tiges, liées par un lien de paille de seigle.

Enfin on charge les gerbes sur une voiture pour les conduire dans la grange.

Il faut ensuite *battre* le blé, avec un *fléau* ou une machine à battre.

La paille est liée en bottes, pour servir de litière ou de nourriture aux animaux.

Quant aux grains, on les sépare des balles, on les nettoie, au moyen du tarare, du crible et du van, et on les met au grenier.

On vend l'orge aux brasseurs, qui en font de la bière.

Le seigle et le froment sont transformés en farine pour en faire du pain.

Le pain de seigle est tout noir.

Le pain de froment est plus blanc et meilleur que le pain de seigle.

Le pain de ménage est fait d'un mélange de farine de seigle et de farine de froment.

Pendant la moisson, les pauvres gens vont *glaner*. Ils ramassent les épis que les moissonneurs ont laissés.

Le soir, on les voit revenir avec une belle botte de poignées d'épis.

Et ils sont tout contents, car ils ont trouvé du pain pour plusieurs jours.

———

Un méchant garçon rudement puni.

Savez-vous pourquoi Félix est malade, Félix, le méchant Félix, qui tourmente toujours les pauvres animaux et qui maltraite ses petits camarades?

Écoutez bien ce qui lui est arrivé.

Son voisin a un rucher dans son verger, derrière la grange.

J'y ai souvent regardé les abeilles, entrant dans les ruches et puis sortant pour voler au loin et aller butiner sur les fleurs.

Et elles ne m'ont jamais fait de mal, parce que je ne les dérangeais pas.

Mais Félix ne s'est pas contenté de regarder les bonnes bêtes.

Le méchant drôle a voulu les tourmenter, selon sa vilaine habitude.

D'abord il leur a jeté du sable, puis de petits cailloux.

Les pauvres abeilles étaient tout effrayées; mais bientôt elles se fâchèrent de ce qu'on les dérangeait dans leur travail.

Elles regardaient de tous les côtés pour savoir qui c'était. Mais elles ne voyaient rien, car Félix se tenait caché derrière un gros poirier.

Croyant n'avoir rien à craindre, il prit une longue baguette et se mit à l'enfoncer dans la ruche qui se trouvait le plus près de lui.

Mais mal lui en prit!

Les abeilles l'aperçurent bien vite et, furieuses, elles se jetèrent en foule sur lui et le blessèrent avec leurs dards.

Félix se sauva, en criant: « Au secours! au secours!»

Mais les abeilles ne le lâchèrent pas.

Il y en avait sur ses mains, sur son cou, sur ses oreilles, dans sa figure.

Et chacune lui appliquait une piqûre, comme si elles avaient voulu dire : « Tiens, méchant, tiens; une autre fois tu nous laisseras tranquilles! »

C'est dans cet état que Félix courut à la maison, hurlant de douleur et de frayeur.

Ses parents eurent beaucoup de peine à le débarrasser des abeilles.

Mais vous auriez dû voir sa figure et ses mains! c'était horrible vraiment, tant elles étaient enflées!

On ne voyait plus ses yeux, et il criait si fort, qu'on l'entendait dans la rue.

Il a fallu chercher le médecin.

Celui-ci lui a prescrit un remède pour calmer les douleurs.

Mais Félix sera obligé de garder la chambre, pendant huit jours au moins, et à l'avenir il ne tourmentera plus les abeilles!

RÈGLE DE LECTURE.

on, ond, onds, ont, onts, om = on.

Mon front, un corps rond, des fonds, le fond du puits, deux ponts, un pompon, des bonbons, un trou profond, les plafonds; le plomb est un métal lourd; mes cheveux sont blonds; des champignons, un lumignon; ce garçon vend des paillassons; un pavillon éclairé par des lampions; au cimetière on voit des tombeaux; un tombereau de sable; de l'eau corrompue.

———

Les pièces de monnaie.

Nous avons de la monnaie d'or, de la monnaie d'argent et de la monnaie de cuivre ou plutôt de bronze.

Les pièces d'or sont au nombre de cinq, savoir : la pièce de cinq francs, la pièce de dix francs, la pièce de vingt francs, la pièce de cinquante francs et la pièce de cent francs.

Les pièces d'argent sont au nombre de cinq aussi, savoir : la pièce de vingt centimes, la pièce de cinquante centimes, la pièce d'un franc, la pièce de deux francs et la pièce de cinq francs.

Les pièces de cuivre sont au nombre de quatre, savoir : la pièce d'un centime, la pièce de deux centimes, la pièce de cinq centimes et la pièce de dix centimes.

L'argent est très-difficile à gagner, mes enfants ; votre père et votre mère ne le savent que trop bien.

Il faut donc bien vous garder de le dépenser inutilement.

Il faut aussi avoir bien soin de vos habits, de vos cahiers et de vos livres, et prendre garde de ne pas casser les verres, les bouteilles, les assiettes qu'on vous confie.

Un objet est bien vite cassé, quand on n'y fait pas attention, alors il faut le remplacer et c'est une dépense qu'on peut éviter.

Gardez-vous aussi de dépenser

inutilement l'argent qu'on vous donne pour vos menus plaisirs.

Il y a des enfants qui ne savent qu'en acheter des sucreries, lesquelles gâtent les dents et l'estomac.

Il vaudrait bien mieux acheter une chose utile ou donner cet argent à un pauvre.

———

La charrue.

La charrue est un instrument aratoire.

Elle sert à labourer la terre.

Elle se compose de plusieurs parties, dont les unes sont faites de bois, les autres de fer.

Le *soc* et le *coutre* sont toujours

en fer., souvent aussi *l'oreille* ou le *versoir*.

Le *talon* ou le *sep*, l'*age* ou la *flèche* et les *mancherons* sont en bois.

Il ne faut pas oublier l'*avant-train*, avec son timon et ses deux roues, et l'*arrière-train* qui porte deux roues également.

Souvent aussi l'arrière-train est remplacé par un traîneau.

C'est au timon de l'avant - train qu'on attelle les chevaux ou les bœufs qui doivent traîner la charrue.

Sur l'essieu de l'avant-train se trouve le régulateur.

C'est par les mancherons que le laboureur tient la charrue et la di-rige.

Chaque fois que la charrue passe

1.

dans un champ, elle y trace un sillon.

Le soc et le coutre coupent la terre; l'oreille la renverse, et le sep empêche la charrue de tomber à gauche ou à droite.

On laboure la terre pour l'ameublir et la préparer à recevoir la semence.

La *herse* est une espèce de grand râteau, destiné à briser les mottes et à couvrir la semence.

Le *rouleau* sert à écraser les mottes et à tasser la terre.

La herse et le rouleau sont aussi des instruments aratoires.

RÈGLES DE LECTURE.

ien, iens = i-in.

Le chien, Lucien, des collégiens, un entretien, je retiens, vos biens, le mien, les comédiens, un chirurgien.

oin, oins = o-an.

Un coin, le foin, les soins, deux témoins, je joins, loin, le sainfoin, moins, le groin, tu rejoins.

oi, ois, oix, oie, oies = o-a.

Le convoi, un emploi, pourquoi, la croix, la voix, une noix, un bourgeois, deux ou trois, une courroie, des oies, la soie, un chamois, des lamproies.

———

La petite orpheline.

Lisette, la pauvre Lisette, n'a plus ni père, ni mère.

La malheureuse orpheline a été recueillie par une dame charitable, qui a eu pitié d'elle et qui a promis de l'élever.

Cette dame est bonne pour elle et ne la laisse manquer de rien; elle l'envoie aussi à l'école et la laisse jouer avec ses camarades.

Mais cela n'empêche pas Lisette d'être bien malheureuse, bien à plaindre !

Aussi elle est le plus souvent triste, et bien des fois déjà je l'ai vue pleurer amèrement.

« Quelle pauvre créature je suis,

m'a-t-elle dit, la veille du jour de l'an. Tous les enfants vont souhaiter demain la bonne année à leur chère mère, à leur bon père; moi seule je n'aurai pas ce bonheur, moi seule je ne pourrai pas embrasser mes parents ! » Et en disant ces mots, elle versait un torrent de larmes.

J'ai cherché à la consoler de mon mieux et je lui ai répondu : « C'est vrai, ma bonne Lisette, tu es bien à plaindre; mais il ne faut pas perdre courage : tes parents te restent encore, et ils veillent sur toi du haut du ciel, où ils prient le bon Dieu pour leur enfant. Tu n'as qu'à être bonne et sage, alors tu ne seras jamais abandonnée. Et puis tu as trouvé une seconde mère, qui est très-bonne pour toi, sans compter tes amies, qui t'aiment de tout leur cœur! »

Mais Lisette pleurait plus fort en entendant ces mots, et secouait tristement la tête.

Pauvre fille, pensai-je en moi-même, tu as bien raison de pleurer; car c'est un grand malheur d'avoir perdu ses parents.

Et cependant beaucoup d'enfants ne savent pas reconnaître le bonheur dont ils jouissent, et ils ne sont pas toujours sages, ni obéissants.

Ils ne songent pas combien leurs parents sont bons pour eux, et combien ils leur font du bien chaque jour.

Ils ont oublié les peines sans nombre qu'ils ont données à leur tendre mère, rien que jusqu'au moment où ils étaient en état de marcher tout seuls; ils oublient de même les dures fatigues de leur brave père, qui travaille pour eux jour et nuit.

Mais moi, je ne serai jamais ingrate envers mes bons parents, oh non, jamais!

Ce sont eux qui me nourrissent et qui m'habillent; ce sont eux qui m'envoient à l'école et qui m'apprennent à être bonne et sage.

Quand je suis malade, ils me soignent si bien, que je me trouve bientôt rétablie; ils me consolent, quand je pleure, et quand j'ai commis une faute, ils me la pardonnent et m'aiment encore.

Aussi je suis tout heureuse de

pouvoir leur rendre de petits services, et je cherche à leur faire plaisir tant que je peux.

Chaque jour je prie le bon Dieu de me conserver ces chers parents, et quand je serai grande, je travaillerai pour eux, à mon tour, et je les soignerai de mon mieux.

Pauvre Lisette, va, tu voudrais bien pouvoir en faire autant!

La tuilerie.

Les briques, les tuiles et les faîtières sont fabriquées à la tuilerie.

Elles sont faites en terre glaise, qu'on creuse tout à côté du bâtiment.

Cette terre glaise est d'abord

écrasée et tamisée pour en séparer les cailloux.

Ensuite on y ajoute du sable fin et de l'eau et l'on gâche bien, afin d'en préparer une bonne pâte.

Puis des ouvriers portent une masse de cette pâte sur une grosse table et en détachent, avec les mains, de petites quantités, dont ils remplissent des moules ou formes.

Il y a des moules pour les tuiles et d'autres pour les briques.

On tasse bien la pâte dans les moules, et alors elle prend la forme qu'on désire.

Cela fait, on renverse la forme sur des planchettes et on porte au soleil pour faire sécher.

Au bout de quelques jours, on

porte les pièces dans de grands fours pour les faire cuire.

Alors les briques et les tuiles durcissent beaucoup et sont prêtes pour la vente.

Les tuiles servent à couvrir les toits. Chacune est garnie d'un bouton, qui sert à la retenir sur la latte.

Les briques servent à la construction des murs, des fours, des cheminées, et aussi au carrelage des cuisines.

EXERCICE DE LECTURE MÉCANIQUE.

Plan, pantalon, blanc, banc, rang, plant, encan, charmant, hareng, sang, prudent, je fends, il prend, le camp, je sens, les champs, comment; je vins, tu tins, la fin, levain, bain, faim, un verre plein, le vin, le teinturier teint, syncope, symbole, sympathie, essaim, impossible ; front, on fond, rond, les fonds, le plomb, le tombeau, corrompu, un pont; le chien, le mien, un collégien, entretien, chirurgien, les biens; un coin, le foin, les témoins, le groin, je joins, sainfoin; un convoi, une voix, la loi, une oie, trois, la soie, un chamois, une lamproie, le foie, la foi.

Le dimanche.

Aujourd'hui c'est *dimanche, le jour du Seigneur.*

On ne travaille pas ce jour-là; on ne fait que le strict nécessaire.

Le pauvre monde travaille suffi-samment dans la semaine, il faut bien qu'on ait aussi un jour pour se reposer.

Et puis il s'agit d'aller à l'église, pour prier le bon Dieu.

Il nous fait tant de bien chaque jour; il nous donne la force, la santé, la nourriture, les vêtements, le som-meil: nous serions bien ingrats, si nous ne venions pas le dimanche l'en remercier publiquement et le prier de continuer à veiller sur nous et à nous bénir.

J'aime bien le dimanche, c'est un si beau jour!

Toute la famille est réunie et cha-cun a l'air content.

Après le déjeuner, le grand-père

lit une prière et tout le monde suit, les mains jointes.

Ensuite on soigne bien vite les bêtes, on fait le ménage et on met les habits de dimanche.

Alors les cloches sonnent et on se rend à l'église. On chante, on prie, on entend le sermon, et puis on rentre le cœur content.

Bientôt l'heure du dîner arrive. On reste plus longtemps à table que d'ordinaire, car c'est dimanche, et il y a un plat de plus.

Après le dîner, on se promène dans le jardin ou l'on va causer avec les voisins.

Puis arrive l'heure du second service divin et on va de nouveau à l'église.

II   2

A trois heures tout est fini, et on passe le reste de la journée à s'amuser.

Les enfants se rassemblent et se mettent à jouer.

Les grands garçons et les grandes filles traversent le village en chantant.

Les pères et les mères de famille sont assis devant les portes et causent.

Beaucoup de personnes vont se promener dans les champs, ou vont voir leurs amis ou leurs parents dans les villages voisins.

D'autres lisent ou font des visites à gauche ou à droite.

Le temps passe vite et voilà l'heure du souper venue.

Le repas achevé, la veillée commence.

Quel bonheur! On lit ou l'on raconte des histoires, les unes plus belles que les autres, jusqu'à neuf heures et même jusqu'à dix heures.

Alors on fait la prière du soir et l'on se couche, pour dormir et être frais et dispos le lendemain.

Quel beau jour que le dimanche!

Le mendiant.

Voyez venir là-bas Michel, le vieux père Michel, à la jambe de bois, appuyé sur sa grosse canne ferrée et s'avançant clopin-clopant.

Le pauvre homme ne marche qu'avec la plus grande peine, et chaque pas lui coûte un effort, lui cause une douleur: ah! que je plains le bon père Michel, et que je voudrais pouvoir lui prêter mes bonnes jambes!

Il a une figure si respectable, avec ses longs cheveux blancs et ses grands yeux bleus, et ses pauvres habits rapiécés sont toujours d'une propreté irréprochable.

Et il est si bon, si poli, si patient, si pieux! Assis sur le banc de bois, devant la maison commune, il raconte aux enfants de charmantes histoires, ou leur fait mille joujoux avec son couteau, car il est très-habile, le père Michel, et ensuite il a un salut pour tout le monde, un salut accompagné d'un sourire.

Et il ne se plaint jamais, ni de ses souffrances, ni de sa pauvreté; seulement quand il a par trop mal, il pousse un soupir douloureux et montre le ciel, en disant: « *Là-haut je ne souffrirai plus!* »

Chose singulière cependant, toutes les fois que le père Michel voit les jeunes filles du village danser une ronde ou qu'il les entend chanter, il se détourne pour pleurer!

J'ai demandé à mon père l'explication de cette énigme et voici ce qu'il m'a dit:

« Le père Michel avait un enfant unique, une charmante jeune fille, qui faisait toute sa joie et qui ressemblait à sa mère, comme un œuf à un autre œuf. Or, cet enfant est mort subitement, à treize ans, et le père Michel est resté seul, tout seul au monde. Depuis ce moment, il ne peut plus regarder les jeunes filles sans verser des larmes, le pauvre père Michel ! »

Mais s'il n'a pas de famille, il a de nombreux amis, le brave homme ; tout le village l'aime et le respecte, et chacun cherche à lui faire du bien. Les enfants de l'école partagent avec lui leur goûter et réservent au père Michel leur plus belle pomme, leur plus tendre poire, et chaque jour il dîne dans une autre maison, jusqu'à ce qu'il ait fait ainsi le tour du village.

Il ne manque pas non plus d'argent, car il touche une petite somme de la caisse des pauvres, et rarement un étranger passe devant lui sans lui glisser une pièce de monnaie dans la main, et sans que le père Michel ait besoin de rien demander.

Aussi il est content de son sort et ne murmure jamais, et sa voisine nous a répété la prière qu'il dit chaque jour, avant de s'endormir :

« Bon Dieu, bénis mes bienfaiteurs, et quand j'aurai assez souffert, donne au pauvre vieillard une petite place dans ton ciel, auprès de ceux qu'il a tant aimés sur cette terre et qu'il retrouvera dans les demeures éternelles. Amen. »

RÈGLES DE LECTURE.

eu, eux, œu, œux = e (long).

Un aveu, des feux, mon vœu, des vœux, le beurre, un bon cœur, des bœufs, une œuvre, un vieux livre, un enfant pieux.

eu, eus, eut = u.
eû = û.

Il a eu froid, vous avez eu chaud, j'eus peur, tu eus mal, il eut mal, ils eurent du pain, il faudrait que j'eusse un crayon, il serait nécessaire que vous eussiez un cheval, il faudrait que vos frères eussent fini leur devoir; hier nous eûmes chaud, mais vous eûtes froid; il faudrait que chaque enfant eût soin de ses livres.

La vigne et le vin.

La vigne n'est pas aussi belle que beaucoup d'autres arbustes; son tronc est tortueux et ses sarments ont besoin d'être attachés, pour ne pas traîner à terre.

Mais elle pousse de belles feuilles, larges et vertes, et elle nous donne les fruits les plus délicieux qui existent.

Ces fruits sont appelés raisins, et tout le monde les aime et les recherche.

On plante ordinairement les vignes sur le penchant des collines, afin que le soleil puisse bien les atteindre.

Chaque cep est flanqué d'un tuteur en bois, appelé *échalas*, auquel on l'attache, ainsi que les sarments.

De plus, il faut tailler la vigne au printemps, c'est-à-dire couper les sarments superflus, sans quoi elle ne produirait rien.

Au mois de juin, la vigne fleurit.

Ses fleurs sont petites et pas belles du tout ; mais elles répandent une odeur délicieuse.

La floraison passée, les grappes se montrent.

Les grains sont très-petits d'abord, mais ils grossissent chaque jour, et au mois d'octobre les raisins sont mûrs.

Alors commence la *vendange*. Quelle époque agréable! C'est une véritable fête!

Tout le monde va dans le vignoble. On coupe les raisins et on en remplit des baquets.

Ces baquets sont versés dans des cuves, où le raisin est foulé.

Les cuves sont conduites au pressoir, où les raisins sont pressurés.

On obtient ainsi du vin doux, délicieux, appelé *moût*.

Le moût, mis dans des tonneaux, ne tarde pas à fermenter et se change en vin proprement dit, qui n'est plus doux, mais enivrant.

Gardez-vous, chers enfants, de boire trop de vin, vous vous rendriez malades.

Un demi-verre suffit, et vous ferez même bien d'y mêler de l'eau.

Le vin, pris en petite quantité, fortifie le corps et entretient la santé; mais pris avec excès, il devient un véritable poison.

On profite aussi de la vendange

pour faire une provision de raisins de conserve.

On choisit les plus beaux, et on les suspend dans une chambre chaude ou dans la cave, au moyen de ficelles.

De cette façon ils se conservent longtemps, et on peut en manger jusqu'au milieu de l'hiver.

RÈGLE DE LECTURE.

er = èr; es = ès; ex = èx; eff = èff; el = èl.

L'ergot du coq, un ermite, une erreur, l'esprit, l'espérance, un escargot, l'essieu de la voiture, un essuie-mains; un enfant exact, un examen, un exemple de calcul; effacer le tableau, un doigt effilé, un remède

efficace, un grand effort; un bel autel, quel joli carrousel, un homme
cruel, une belle image, un magnifique hôtel, l'histoire naturelle.

La rivière.

Plaçons-nous, par la pensée, sur le
bord de la rivière et regardons.

L'eau coule sans cesse entre les
deux rives et fait entendre un doux
murmure.

Elle est transparente maintenant
et l'on voit les cailloux au fond; mais
ces jours derniers, après la pluie,
elle était toute sale et de couleur
jaunâtre.

Où va cette eau?

Dans une autre rivière ou dans un fleuve et puis dans la mer.

Quel long voyage elle fait!

Mais d'où sort-elle?

D'une source, dans la montagne, et d'une foule de petites rivières et de filets d'eau, qui se réunissent.

Le cours de la rivière est sinueux: tantôt elle tourne vers la gauche, tantôt vers la droite.

Ici ses bords sont escarpés, là ils forment une pente douce; tantôt ils sont couverts d'herbe, tantôt garnis de touffes de saule.

Un pont en bois réunit les deux rives.

Il est soutenu par des piliers de chêne, profondément enfoncés dans le lit de la rivière.

Un garde-fou règne des deux côtés et le plancher est formé d'ais très-solides.

Ce pont sert surtout au passage des voitures, qui vont chercher du bois dans la forêt ou du foin dans les prés.

Plus en amont se trouve une passerelle, pour le passage des piétons.

Elle est très-étroite et composée simplement de deux poutres, jetées en travers de la rivière.

Les personnes sujettes au vertige font bien de ne pas y passer: elles risqueraient de tomber dans l'eau.

En aval du pont, près du village, on a établi un lavoir très-commode, couvert d'un toit, pour mettre les blanchisseuses à l'abri du soleil et de la pluie.

La rivière est très-poissonneuse; on y pêche d'excellentes carpes, des perches, du brochet et une foule de poissons blancs.

On y trouve aussi des écrevisses fort belles et fort délicates.

En été, tout le monde vient prendre des bains froids dans la partie comprise entre le lavoir et le pont.

C'est une excellente place; l'eau n'y est pas trop profonde et le fond est couvert de sable.

Les jeunes gens s'amusent aussi de temps à autre à faire des parties de bateau.

En hiver, la rivière est souvent prise par la glace, et quand ensuite le dégel arrive, elle charrie d'énormes glaçons, qui viennent se briser contre les piliers du pont.

Ordinairement elle déborde aussi dans cette saison, et alors toutes les prairies sont inondées, et forment comme un vaste lac.

Le froid survenant, cela fait un immense champ de glace, où la jeunesse se livre à mille exercices salutaires: courses de traîneau, courses de patins et glissades sans fin.

Et ce qu'il y a de mieux, c'est qu'on n'y court point de danger, parce que l'eau n'y est pas profonde du tout, et qu'on ne risque point de s'y noyer, au cas où la glace viendrait à se rompre.

Il arrive bien, par ci par là, quel-

ques chutes, mais c'est peu de chose:
on ne meurt pas d'une bosse au front
ou d'un bleu sur le dos!

Savez-vous comment on distingue
la rive droite de la rive gauche?

On n'a qu'à se placer dans le sens
du courant, alors le bras gauche se
trouve du côté de la rive gauche, et
le bras droit, du côté de la rive
droite.

RÈGLE DE LECTURE.

euil, euils = euï.

L'écureuil, les chevreuils, mon
fauteuil, deux treuils, un cercueil,
un bon accueil, les bouvreuils, le
seuil.

cueil = kueï; gueil = gueï.

Un recueil, recueillir, accueillir,
l'orgueil, orgueilleux, s'enorgueillir.

œil = euï.

Mon œil, un œillet, une œillade,
de l'huile d'œillette, un œilleton.

Minette.

Avez-vous vu Minette, ma jolie
Minette, mon charmant petit chat ?

Venez la regarder un peu; je suis
sûre que vous l'aimerez comme moi !

La voilà assise sur la natte de
paille devant la porte de la cuisine.

Elle fait sa toilette, la chère créature, et se lèche avec soin, pour être

bien propre, car elle sait fort bien qu'on ne l'aimerait pas si elle était sale!

La voilà qui nous regarde. — N'est-ce pas, quelle bonne figure de chat? On dirait qu'elle va nous parler. Elle fixe sur nous ses grands yeux verts et remue sa grosse queue.

Viens, Minette, viens; fais le gros dos et montre ton beau collier, et tes pattes blanches, et ton joli petit museau rose, et tes grandes moustaches!

N'est-ce pas qu'elle est charmante!

Et elle est gentille et intelligente, Minette, comme il n'y en a plus!

Le matin, de bonne heure, elle vient gratter à la porte et crie :

miaou ! miaou ! ce qui veut dire :
« Ouvrez, s'il vous plaît, ouvrez ! »

Et dès que la porte s'ouvre, elle court de tous les côtés pour me chercher.

Elle vient se frotter contre mes jambes, en grognant de joie, et quand je lui tends la main, elle y appuie son museau, comme pour m'embrasser.

Si elle me trouve encore au lit, elle y saute et me regarde, comme pour me dire : « Paresseuse ! lève-toi ; j'ai faim ! »

Alors je la caresse et je lui cause, et je partage avec elle mon déjeuner.

Un peu de lait et un morceau de pain trempé sont pour Minette un vrai régal. Elle a bien vite nettoyé son assiette, et longtemps encore elle se lèche les moustaches, en signe de satisfaction.

Mais pendant le dîner elle est vraiment drôle à voir. Elle passe d'une personne à l'autre et la regarde, et quand on l'oublie, elle fait *miaou! miaou!* et chacun lui donne quelque chose, à la jolie mendiante.

Elle mange de tout: pain, fromage, légumes, mais surtout de la viande.

Oh! la viande, elle en raffole, et chaque fois que notre bonne revient de la boucherie, Minette court à sa rencontre, en miaulant de joie.

C'est que toujours elle lui rapporte un petit morceau de foie ou un os à ronger, et la bonne bête sent cela de loin.

Mais cela n'empêche pas Minette de faire la chasse aux rats.

Ces jours derniers, elle en a rapporté un tout vivant, comme pour nous le faire voir. Elle s'en est amusée longtemps. Tantôt elle le retournait avec ses pattes, tantôt elle le flairait avec son museau. Le pauvre rat tremblait de peur. Tout à coup il s'enfuit, cherchant à se sauver. Mais Minette l'eut bientôt atteint, et, se jetant sur lui, elle le tua d'un seul coup de dent.

Le soir, après le souper, Minette monte au grenier, pour y trouver sa couchette, dans une petite caisse remplie de foin.

Mais maman m'a dit qu'elle n'y dort guère et qu'elle fait la chasse aux rats, pendant une bonne partie de la nuit.

C'est que les chats voient dans l'obscurité, et c'est alors le bon moment pour attraper ces bêtes nuisibles.

Voilà pourquoi Minette dort souvent le jour; c'est trop juste, bonne bête, va, il faut bien que tu te reposes aussi.

EXERCICE DE LECTURE MÉCANIQUE.

Un aveu, les feux, mon vœu, le beurre, le cœur, des bœufs, une œuvre, vieux, pieux; il a eu, vous avez eu, j'eus, tu eus, que j'eusse, que vous eussiez, qu'ils eussent; nous eûmes, vous eûtes, qu'il eût; l'ergot, une erreur, l'esprit, l'espérance, un essieu, un essai, un exemple, effacer, effilé, effort, autel, carrousel, une belle image, une couronne d'immortelles, un hôtel, l'histoire naturelle; un écureuil, du chevreuil, un fauteuil, un cercueil, l'orgueil, orgueilleux, œil, œillet, œillade, de l'huile d'œillette.

Le village.

Mon village n'est pas aussi grand, ni aussi beau que la ville; mais je ne l'en aime pas moins pour cela.

C'est là qu'est ma maison paternelle, c'est là que demeurent mes parents et toute notre famille.

C'est là que je suis né et que je veux rester toujours.

Les maisons de mon village ne sont pas si belles que celles de la ville, c'est vrai ; mais il y en a de fort jolies cependant, et chacune a sa cour et son jardin.

Les rues ne sont pas pavées, mais elles sont très-bien entretenues et très-propres.

Nous avons aussi une belle place, devant l'église, toute plantée d'arbres, avec une fontaine au milieu.

Et notre église est si jolie, avec son clocher pointu, couvert d'ardoises et surmonté d'une croix dorée.

Et sur la croix se trouve placé le coq, qui tourne au vent.

Nous avons ensuite une belle maison d'école et une mairie toute neuve, avec une grande salle, où se réunit le conseil municipal.

Et tout autour du village, il y a des vergers pleins de magnifiques arbres fruitiers.

C'est comme une forêt, au milieu de laquelle on aperçoit les maisons et les granges.

Au printemps, quand tous ces arbres sont en fleurs, c'est un spectacle magnifique!

Et des milliers d'oiseaux y bâtissent leurs nids et chantent du matin au soir.

Et quand le temps est venu, nous avons des fruits en abondance.

Nous en mangeons tant que nous voulons, et nous en vendons de grandes quantités à la ville.

Tout près du village s'élève le vignoble, qui nous fournit des raisins délicieux et d'excellent vin.

De l'autre côté s'étendent les champs et les prés, et tout au fond on aperçoit la forêt communale.

Dites-moi un peu si ce n'est pas magnifique, toute cette fraîche verdure, et au-dessus le ciel bleu du bon Dieu!

Et quelle richesse dans les champs!

Voici les blés qui montent en épis, les pommes de terre en fleurs, les trèfles qui attendent la faux.

Et partout des gens qui labourent, qui piochent, qui plantent, qui sèment, qui récoltent.

Ils travaillent durement, c'est vrai, mais ils ne s'en plaignent pas.

Ils sont forts et robustes, et ils ont le cœur content.

Le bon Dieu a dit aux hommes :

« Vous mangerez votre pain à la sueur de votre front ! »

Les villageois suivent ce commandement, et ils s'en trouvent bien, et ils ne voudraient pas pour tout au monde vivre enfermés dans les murs d'une ville.

La ville.

La ville est beaucoup plus grande que le village.

Les maisons sont plus élevées et plus belles ; les rues sont pavées et bordées de trottoirs.

De tous les côtés on voit des magasins, des boutiques, des ateliers, des boulangeries, des boucheries, des auberges ou des hôtels.

Les rues sont pleines de monde, qui va et vient, et les voitures passent et repassent.

On rencontre à chaque pas de beaux messieurs et de belles dames, qui se promènent, ainsi que des soldats.

Des marchands de toute espèce vont de rue en rue, en criant leur marchandise, pour attirer l'attention des passants.

Des marchés sont ouverts chaque

jour, et c'est là que les ménagères vont acheter leurs œufs, leurs légumes, leurs fruits, ainsi que des fleurs.

Comme les boutiques et les magasins sont beaux!

On y voit mille choses, les unes plus magnifiques que les autres.

Là, des pendules et des montres; ici, des bijoux; à côté, des vases en verre et en porcelaine; plus loin, de belles étoffes; puis des meubles et des tableaux, puis encore des jouets et des bonbons.

Vraiment on n'a pas assez de ses deux yeux pour tout voir!

Et encore faut-il bien faire attention pour ne pas heurter les passants ou être écrasé par une voiture!

Les bâtiments publics sont nombreux. Il y a d'abord les églises, très-vastes et très-belles; l'hôtel de ville, le théâtre, l'hôpital, le collége, le tribunal, les écoles, la caserne. Dans beaucoup de grandes villes il y a de plus une préfecture ou une sous-préfecture, un lycée, des halles, une magnifique gare de chemin de fer, un musée, un arsenal, etc.

On trouve encore dans la plupart des villes une ou plusieurs places publiques, avec des fontaines ou des statues, et tout près une promenade publique ou un jardin public.

Certaines villes sont entourées de murs et de remparts, alors on les dit *fortifiées;* mais la plupart sont ou-vertes, c'est-à-dire qu'elles n'ont ni portes, ni murs.

Les habitants des villes gagnent plus d'argent que les campagnards; mais ils en dépensent plus aussi, puisque les vivres y sont chers, ainsi que les loyers.

RÈGLES DE LECTURE.

ail, aille, ailles = aï.

Le bétail, un bail, ton éventail, le bercail, du corail; une écaille, la bataille, de la limaille; les tenailles, les funérailles, trois médailles.

eil, eille, eilles = éï.

Le soleil, l'orteil, le sommeil, un bon conseil; une abeille, mon oreille, la bouteille, une oreille; les groseilles, deux treilles, des pommes vermeilles.

ille, illes = ii (bref)

Des billes, une béquille, des chenilles, une citrouille, de la vanille, nos familles, des lentilles, une faucille.

ouille, ouilles = ouï

Les citrouilles, une andouille, les grenouilles, la houille, deux patrouilles, la quenouille, la rouille.

L'enfant malade.

Le petit Louis, le fils du serrurier, était un charmant petit garçon.

Il n'avait que six ans, mais il était si raisonnable et si sage, qu'on lui en aurait donné au moins neuf ou dix, s'il avait eu la taille plus grande.

A l'école, il était le premier de sa classe, et tout le monde l'aimait, surtout ses braves parents.

Il était toujours si rangé, si doux et si poli, et jamais il ne s'est querellé avec ses camarades.

Malheureusement il était très-délicat et à chaque instant il se trouvait indisposé.

Après la fête de Noël, il tomba sérieusement malade et ne put plus quitter le lit.

Le médecin lui prescrivit des potions bien désagréables à prendre, mais Louis les prenait sans murmurer.

Sa bonne mère ne s'éloignait pas de son lit, ni jour, ni nuit. Elle le soignait de son mieux. Son père quittait à chaque instant son atelier pour venir auprès de lui, et il était tout triste, le pauvre père!

Ses camarades venaient aussi le voir souvent, pour lui faire passer le temps.

Mais le pauvre Louis devenait chaque jour plus faible. Il ne prenait pour toute nourriture qu'un peu de bouillon et de l'eau fraîche.

Et il était si pâle et si maigre, que cela faisait pitié à voir!

C'est qu'il souffrait horriblement, le pauvre garçon, et il aurait tant voulu être guéri!

Mais le bon Dieu ne lui rendit pas la santé; c'est qu'il voulut l'avoir auprès de lui dans le ciel.

Louis souffrit donc longtemps, enfin il mourut.

Ah ! comme ses parents étaient affligés et comme ils pleuraient !

Son pauvre petit corps, tout habillé de blanc, fut placé dans un petit cercueil.

Tous ses camarades vinrent apporter des bouquets de fleurs, et le soir le cher mort en était tout couvert.

On lui a fait un magnifique enterrement, et sur sa tombe s'élève une belle croix de fer, que son père a faite lui-même, ainsi que le grillage qui l'entoure.

Sa mère y a planté un rosier et de belles fleurs, et chaque semaine elle vient y pleurer.

Elle ne peut pas oublier son fils chéri et elle est toute malade de chagrin.

Pauvre mère ! ne pleure pas tant,

II   **3**

va! Tu retrouveras ton petit Louis, là-haut, auprès du bon Dieu.

Car tous les enfants sages vont au ciel, et le bon Dieu en fait des anges si beaux, si beaux! avec des ailes blanches et une couronne d'or.

Et quand leur père et leur mère montent au ciel à leur tour, ils viennent au-devant d'eux et les embrassent avec des cris de joie.

Maman me l'a dit, et elle le sait bien. — Ne pleure donc plus, pauvre femme, ne pleure plus!

Les insectes.

Les mouches, les hannetons, les papillons, les sauterelles, les fourmis, les cigales et beaucoup d'autres encore portent le nom d'insectes.

La plupart ont six pattes et des ailes.

Les uns nous sont très-utiles, comme les abeilles, qui nous donnent le miel et la cire.

D'autres sont nuisibles, comme les hannetons, qui dévorent les fleurs et les feuilles des arbres.

Les sauterelles sont nuisibles aussi, parce qu'elles mangent l'herbe et le trèfle.

Les mouches tourmentent les hommes et les animaux et salissent nos meubles.

D'autres insectes encore dévorent les jeunes plantes, dans les jardins et les champs, et nous causent ainsi un grand dommage.

Les papillons ont des ailes magnifiques et se nourrissent du suc des fleurs.

Ils pondent un grand nombre d'œufs, d'où sortent des chenilles, qui dévorent tout, les légumes des jardins, les feuilles des arbres.

S'il n'y avait pas d'oiseaux, les insectes nuisibles dévoreraient tout, et l'homme et les animaux mourraient de faim.

Mais le bon Dieu a fait les petits oiseaux tout exprès pour détruire les insectes.

Voyez l'hirondelle, le pinson, le chardonneret, la mésange, le moineau, le rossignol, la linotte, l'alouette et une foule d'autres ; du matin au soir, ils font la chasse aux chenilles,

aux mouches, aux vers, aux sauterelles.

Ces jolis petits musiciens travaillent pour nous pendant toute la
belle saison; ils se tiennent toujours
dans nos jardins et dans nos champs.
Il faut donc bien se garder de leur
faire du mal ou de détruire leurs
nids.

Pendant l'hiver, on ne voit point
d'insectes. Les uns sont morts, les
autres sont engourdis.

Mais au printemps, la chaleur du
soleil fait éclore des milliers d'œufs,
et les oiseaux ont à recommencer
leur chasse chaque année.

Avez-vous vu ces vilains vers
blancs qu'on trouve dans la terre et

qui ont la grosseur de votre petit doigt?

Ce sont des larves de hanneton.

Ces larves dévorent les racines des plantes et, après être restées cachées dans la terre pendant trois ans, elles se changent en hannetons.

Les femelles de hanneton pondent des œufs dans la terre avant de mourir, et de ces œufs sortent des vers blancs.

Détruisez les hannetons et il n'y aura plus beaucoup de vers blancs.

Savez-vous d'où viennent les vers dans les cerises, dans les prunes, dans le fromage?

Ce sont des larves de mouche.

Les mouches pondent leurs œufs dans les fruits mous, dans la viande ou dans le fromage, et il en sort ensuite des vers.

Ces vers se changent plus tard en mouches, qui pondent des œufs à leur tour, et ainsi de suite.

La soie, dont on fait de si beaux rubans et de si belles étoffes, vient d'un insecte appelé ver à soie.

C'est une chenille qui n'est nullement belle ; mais elle file un fil de soie de mille mètres de long, roulé en cocon, qu'on dévide ensuite et qu'on tisse.

Tous les enfants connaissent un autre insecte qui file aussi, et qui tisse même des toiles.

C'est l'araignée.

RÈGLES DE LECTURE.

tié = sié

tie = sie

La satiété, balbutier, une minutie, des facéties, l'inertie. — Mon frère est sorti, une partie de traîneau, ma sœur est sortie.

tia = sia

tio = sio

tion = sion

tial = sial

tiel = siel

Il balbutia, une portion, la nation, un homme partial, une chose essentielle, une défaite partielle; un homme ambitieux.

———

Le moulin.

Le moulin est un bâtiment où l'on moud le grain, pour en tirer la farine.

Il est bâti sur le bord de l'eau et on entend de loin son tic-tac.

L'eau fait tourner une grande roue, garnie de palettes.

Cette roue fait tourner un arbre, et cet arbre lui-même met en mouvement tout le mécanisme du moulin.

Le grain est écrasé entre deux meules, dont l'une tourne sur l'autre; ensuite des tamis, appelés *blutoirs*, séparent la farine du son, qui n'est autre chose que l'écorce des grains.

Les blutoirs séparent aussi la *fleur de farine*, c'est-à-dire la partie la plus fine, de la farine ordinaire.

La première sert à faire la pâtisserie et toutes sortes de mets ; avec la seconde, on fabrique le pain.

Le son est réservé pour la nourriture des animaux.

Dans certains pays, où les cours d'eau manquent, on emploie des moulins à vent.

On les établit sur des hauteurs, et on les munit de grandes ailes en bois, garnies de toile.

Dès que le vent souffle, il fait tourner les ailes, et le mécanisme intérieur se met en train.

Les garçons meuniers exercent un rude métier. Ils portent tantôt des sacs de blé, tantôt des sacs de farine, et cela en montant et en descendant des escaliers. En outre ils respirent beaucoup de poussière de farine, ce qui est très-malsain.

La meunière a toujours une belle basse-cour, toute pleine de poules, d'oies, de canards, de dindons, qui se nourrissent des débris de grains du moulin.

C'est chez elle qu'on achète les plus belles volailles et les meilleurs œufs.

Elle engraisse aussi des porcs, et dans son étable on trouve toujours quelques belles vaches, qui donnent du lait délicieux.

———

RÈGLE DE LECTURE.

ien = ian
tien = sian

Le soleil se lève à l'orient; un costume oriental; une bonne conscience, un homme de science; ce tailleur a beaucoup de clients.

Un homme patient, une femme impatiente; la patience est préférable à l'impatience, patienter. — Le mien, le tien, le sien; un vaurien.

———

Ne jouez pas avec le feu.

Gardez-vous bien, mes chers enfants, de jouer avec le feu.

Vous pourriez causer le plus grand malheur !

Bien des petits garçons ont déjà mis le feu à la maison.

Bien des petites filles se sont brûlées toutes vivantes.

Le feu n'est pas un jouet, il ne faut pas y toucher.

Il ne faut pas non plus trop s'en approcher, de peur de brûler ses habits.

Ne jouez pas non plus avec les allumettes.

Le phosphore dont elles sont garnies, est un poison.

Ensuite elles prennent feu au moindre frottement.

Écoutez cette histoire.

Un jour, dans un village, une mère s'en alla dans les champs pour y travailler. .

Elle avait laissé à la maison son petit garçon, Philippe, âgé de cinq ans.

Celui-ci devait garder sa petite sœur, qui dormait au berceau.

Philippe s'ennuyait et, pour se distraire, il se mit à jouer.

Par malheur il mit la main sur une boîte d'allumettes.

Il ouvrit la boîte et se mit à les regarder et à les toucher.

Alors il voulut en sortir une, mais elles étaient très-serrées.

Philippe tira fortement dessus, et au même moment toutes les allumettes prirent feu.

Le petit garçon effrayé jeta alors la boîte loin de lui.

Malheureusement elle alla rouler sous le berceau de sa petite sœur.

Bientôt le berceau prit feu. Philippe voulut éteindre les flammes avec ses mains.

Mais il se brûla les doigts, et ses habits prirent feu aussi.

Alors le pauvre garçon se mit à crier de toutes ses forces, en courant dans la chambre.

Sa malheureuse petite sœur criait aussi au milieu des flammes.

Mais personne ne pouvait entendre

les pauvres enfants, car leur maison était au fond d'un jardin.

Enfin le facteur vint à passer.

Il vit le feu et la fumée et accourut.

Quand il pénétra dans la chambre, le berceau était brûlé et la petite fille était morte et toute noire.

Le petit Philippe vivait encore, mais il était tout couvert de brûlures affreuses.

Le lit avait pris feu à son tour.

Le facteur mit le pauvre garçon dehors et appela au secours.

Les voisins accoururent et éteignirent les flammes.

Lorsque la malheureuse mère revint, elle poussa des cris déchirants.

Elle avait perdu sa chère petite fille, et son fils mourut la nuit même !

EXERCICE DE LECTURE MÉCANIQUE.

Le bétail, un bail, mon éventail, le bercail, une écaille, les semailles, les médailles; le soleil, le sommeil, une abeille, les oreilles, une bouteille, des groseilles; les billes, les chenilles, une famille, des citrouilles, la grenouille, une fille, la rouille. — La société, balbutier, une minutie, l'inertie, une partie; une sortie; il balbutia, une portion, la nation, essentiel, partiel, ambitieux; l'orient, la conscience, le patient, le tien, la science, le vaurien, un client.

Les arbres fruitiers.

Derrière la grange se trouve le verger, tout plein d'arbres fruitiers.

On y voit des pommiers, des pruniers, des poiriers, des abricotiers, des mirabelliers, des cerisiers, des néfliers, des reines-claudiers, des pêchers, des cornouillers et des noyers.

Tous ces arbres donnent d'excellents fruits, que les enfants aiment beaucoup.

Les cerises, les prunes, les abricots, les mirabelles, les reines-claudes, les pêches et les cornouilles renferment un noyau très-dur.

Ce noyau contient une amande

amère, qu'on ne peut pas manger sans se rendre malade.

Les pommes et les poires renferment des pepins.

La noix contient aussi une amande.

Cette amande est renfermée dans une coquille, composée de deux pièces.

Si l'on met en terre un pepin, un noyau ou une noix, il y pousse un arbre fruitier.

Cet arbre est d'abord tout petit, tout petit; mais il grandit peu à peu.

Au bout de trois ou quatre ans, il porte des fruits.

Il y a de méchants enfants qui coupent ou cassent les jeunes arbres : cela est fort mal !

———

Au printemps, au mois d'avril, les arbres poussent des feuilles et se couvrent de fleurs.

C'est très-beau à voir.

Les feuilles sont d'abord très-petites, mais elles grandissent vite.

Les fleurs ne durent pas long-temps; elles tombent au bout de dix ou quinze jours.

A la place de chaque fleur, on voit alors un petit fruit. Ce fruit grossit lentement et enfin il mûrit.

Mais beaucoup de fruits tombent avant d'être mûrs.

Les enfants qui mangent des fruits non mûrs, se rendent malades.

Les fruits mûrs sont fort bons à manger.

On peut les manger tout crus ou

les faire cuire, pour en faire de la marmelade ou des confitures.

Souvent on y ajoute du sucre, alors ils sont plus doux encore.

On conserve aussi une bonne partie des fruits, pour en avoir pendant l'hiver.

Les pommes et les poires peuvent être conservées longtemps; on les met sur une couche de paille ou sur un plancher bien propre et bien sec, dans une chambre fraîche, ou sur des claies dans une cave.

On peut aussi sécher les pommes et les poires, après les avoir coupées d'abord par quartiers.

Les prunes se sèchent aussi et prennent alors le nom de *pruneaux*.

Comme on ne peut pas manger

toutes les cerises, on en fait de l'eau-de-vie. Les prunes fournissent aussi de l'eau-de-vie.

Les pommes servent encore à faire du *cidre* et les poires donnent le *poiré*.

Le cidre et le poiré sont des espèces de vin.

———

Vers la fin de l'automne, les feuilles des arbres jaunissent et tombent peu à peu.

Pendant l'hiver les arbres sont comme morts; ils n'ont plus de feuilles; ils ne croissent pas.

Le pin et le sapin et quelques autres encore conservent seuls leurs feuilles et restent verts toute l'année.

On les appelle *arbres résineux*,

parce qu'ils produisent de la *résine*, ou *arbres à aiguilles*, parce que leurs feuilles ont à peu près la forme d'une aiguille.

Au mois de mars, on taille les arbres fruitiers; on coupe les branches et les rameaux superflus, ainsi que les branches mortes.

On coupe de même les arbres fruitiers qui sont trop vieux. Le bois qu'on en retire, donne de beaux meubles, surtout le noyer, le poirier, le pommier, le cerisier et le prunier. Les branches et les copeaux fournissent un bon bois de chauffage.

Avez-vous déjà examiné *les yeux* qui garnissent les rameaux? Ces yeux grossissent au printemps et se changent en *boutons*, et de ces boutons sortent plus tard les feuilles et les fleurs.

RÈGLES DE LECTURE.

im = ime.

ym = ime.

Un intérim, un hymne, le gymnase, la gymnastique, immortel, immobile, immense.

um = om.

Un pensum, un beau géranium, l'opium est une médecine.

in = ine.

Une armée innombrable, une bête innocente, une chose innée. — Incroyable, inconstant, important, insolent, simple, rincer.

La chasse.

Les chevreuils, les sangliers, les renards et les lièvres forment ce qu'on appelle le *gibier à poil.*

Les perdrix, les cailles, les canards sauvages, les bécasses, les bécassines, les grives, les alouettes forment le *gibier à plume.*

C'est à ces animaux que les chasseurs font la guerre.

Ils sont munis d'un fusil à deux coups, d'une carnassière, d'une poire à poudre, d'un sac à plomb, et d'une gourde pleine de vin ou de liqueur.

Ils sont coiffés d'un large chapeau et portent de grosses bottes ou de lourds souliers et des guêtres, qui remontent jusqu'au genou.

Un chien de chasse les accompagne, quelquefois deux.

C'est le chien qui découvre le gibier, grâce à son excellent nez, et quand une pièce a été abattue, c'est lui qui l'apporte à son maître.

La chasse est un exercice fatigant.

Il faut battre la campagne pendant des heures entières pour trouver un lièvre ou une volée de perdrix, et souvent le chasseur ne trouve rien.

Souvent aussi il manque son coup, car les lièvres courent très-vite et les perdrix s'envolent à tire d'aile.

Les pauvres bêtes savent bien qu'on veut les tuer et elles se sauvent de leur mieux.

Les chevreuils et les sangliers se

tiennent dans les bois, et c'est là qu'on les traque.

Une douzaine d'hommes et de jeunes gens battent la forêt, en poussant de grands cris.

Alors le gibier effrayé prend la fuite et court du côté où sont postés les chasseurs.

Tout à coup on entend retentir de nombreux coups de fusil, et l'on voit tomber chevreuils, sangliers, renards et lièvres.

Mais la chasse au sanglier est dangereuse. Parfois la bête blessée se jette avec fureur sur les chasseurs et cherche à les blesser avec ses défenses.

D'un seul coup de boutoir un gros sanglier peut éventrer un chien ou renverser un homme.

Dans notre pays, les loups sont rares et les ours ne se tiennent que dans les Alpes et les Pyrénées.

Il n'y a pas non plus de cerfs dans nos forêts, mais on en trouve encore beaucoup en Allemagne.

Quant au lapin sauvage, on le prend dans des espèces de filets, appelés *bourses*.

On fait entrer dans les terriers un petit animal appelé *furet*, qui ressemble à la marte.

A sa vue les lapins se sauvent et tombent dans les bourses qu'on a tendues aux ouvertures.

Le gibier est bon à manger et se vend généralement très-cher.

———

RÈGLES DE LECTURE.

qua = coua

qui = cui

Un oiseau aquatique, un fil quadruple, un animal quadrupède; l'art de l'équitation, un triangle équilatéral. — Quatre francs, une quittance, un quinquet, une bonne qualité.

gui = güi

Une aiguille, l'aiguillon de l'abeille, une aiguillée, aiguillonner, des aiguillettes.

Une anguille (ang-ille).

cui = cüi

Une cuiller à café; une cuillerée de médecine; une cuirasse, un cuirassier.

La pêche.

La pêche est un exercice bien amusant, tant la pêche à la ligne que la pêche au filet.

Pour pêcher à la ligne, il faut les objets suivants: une ligne en crin ou en fil, avec son flotteur en liége, et un hameçon; une verge ou une canne à pêche; une boîte à amorces, pour y mettre les vers, les mouches, les sauterelles, etc.; enfin un petit filet pour les poissons pris.

Pour la pêche au filet, on emploie des filets de toute sorte: des nasses, des éperviers, des traînasses; puis des réservoirs, où l'on conserve les poissons.

Le pêcheur à la ligne se place sur

le bord de l'eau, garnit l'hameçon d'une amorce, puis lance sa ligne.

Les poissons viennent mordre à l'amorce, le flotteur remue, une, deux, trois fois, puis s'enfonce. Alors le pêcheur retire vivement sa ligne et ordinairement il y trouve suspendu un poisson.

Aussitôt il le détache de l'hameçon et glisse son prisonnier dans le filet, qu'il suspend dans l'eau, après l'avoir attaché contre une branche de saule ou contre un piquet.

Cela fait, il garnit l'hameçon d'une amorce fraîche et lance de nouveau sa ligne.

Quand la place est bonne, il ne lui faut que deux ou trois heures pour prendre une friture.

Mais souvent il faut qu'il attende longtemps, longtemps; quelquefois aussi il ne prend rien du tout.

La pêche au filet est plus productive.

Le pêcheur tend des nasses, le soir, dans différents endroits de la rivière, et le lendemain, il y trouve presque toujours un certain nombre de poissons.

Quand ceux-ci sont une fois entrés dans la nasse, ils ne peuvent plus en sortir.

D'autres fois le pêcheur lance l'épervier et retire presque chaque fois quelques poissons.

Mais c'est avec la traînasse qu'il en prend le plus. C'est un grand filet, dont le bas est garni de balles de plomb, et le haut de flotteurs en bois.

Effrayés par le bruit, les poissons cherchent à se sauver, et se trouvent pris, car la traînasse les entoure de tous les côtés, comme un cercle.

Ordinairement on en prend une grande quantité avec ce filet-là.

———

RÈGLES DE LECTURE.

ai = e

La bienfaisance, un homme bien-faisant; le faisan est un oiseau; en faisant mon devoir; de la viande fai-sandée. — Une grande faiblesse; se taire, plaire, tu sais.

en = in

en = ène

Benjamin, un pentagone, le continent européen. A la fin de chaque prière, on dit amen; le ventre est aussi appelé abdomen; le mariage est aussi appelé hymen. — Entrer, ensemble, endroit.

em = ème

Jérusalem, Bethléem, idem, un décemvir. — Emporter, rempli, emploi, empire.

———

Hector.

Monsieur Laurent avait deux fils. L'aîné s'appelait Charles et le cadet se nommait Martin.

Charles était un excellent garçon et avait neuf ans.

Martin était volontaire et n'avait que sept ans.

Monsieur Laurent avait aussi un gros chien noir, nommé Hector.

C'était le meilleur animal du monde.

Charles et Martin s'amusaient souvent à jouer avec lui.

Ils lui faisaient faire toutes sortes de tours.

Hector portait un bâton dans sa gueule, ou bien il courait après une pierre, qu'on avait lancée, et la rapportait, ou bien encore il sautait à travers un cerceau.

Charles et Martin l'attelaient même

à une petite voiture, qu'il traînait, comme un cheval.

Cependant Hector aimait bien plus Charles que Martin.

C'est que Charles était bon pour lui, le caressait sans cesse et lui apportait chaque jour à manger.

Martin, au contraire, tourmentait constamment la pauvre bête, la tirait par les oreilles ou par la queue, ou lui donnait des coups de bâton.

Voilà pourquoi Hector accourait vers Charles du plus loin qu'il l'apercevait, et le suivait partout.

Martin, lui, avait beau l'appeler, Hector faisait semblant de ne pas l'entendre et ne se dérangeait pas.—

Au milieu du jardin de monsieur

Laurent, il y avait un grand bassin tout plein d'eau.

Il y avait aussi un batelet avec des rames.

Ce batelet était attaché avec une chaîne contre un piquet, et monsieur Laurent avait défendu à ses fils d'y entrer.

Mais un jour que leur père était sorti, nos deux garçons voulurent faire un tour dans le bassin.

Ils détachèrent donc le batelet et se mirent à ramer.

D'abord tout alla bien et les deux frères riaient de plaisir.

Mais tout à coup Charles s'étant trop penché à droite, le batelet chavira et les deux garçons tombèrent dans le bassin.

11   4

Ils poussèrent un grand cri et se mirent à se débattre au milieu de l'eau.

Hector avait entendu ce cri et accourut au grand galop.

Il se précipita aussitôt dans le bassin, saisit Charles par sa blouse, et le traîna sur le rivage.

Il voyait bien aussi Martin, mais il ne s'en occupa pas.

Heureusement le jardinier survint en ce moment; il se jeta à l'eau et retira le petit malheureux, à moitié mort.

Quelques moments plus tard, il était noyé.

Depuis ce jour, Martin cessa de tourmenter Hector.

EXERCICE DE LECTURE MÉCANIQUE.

Un intérim, un hymne, le gymnase, la gymnastique, immortel, immobile; un pensum, le géranium, l'opium; innombrable, innocent, inné; incroyable, inconstant, importun, simple, insolent, rincer. —
Un oiseau aquatique, quadruple, quatre, les quadrupèdes, une quittance, ce quinquet, la qualité, équilatéral.

Une aiguille, l'aiguillon, des aiguillettes, une anguille, une cuiller, une cuillerée, une cuirasse, un cuirassier.

La bienfaisance, bienfaisant, le faisan, faire, faisant.

Benjamin, européen, amen, abdomen, endroit, Jérusalem, idem,
Bethléem.

L'eau.

L'eau est une substance bien pré-
cieuse, chers enfants, et si vous y
réfléchissez un peu, vous direz bien
vite que j'ai grandement raison de
le dire.

L'eau pure est d'abord la boisson
la plus saine et la plus agréable.

Quand on a bien soif, un bon verre
d'eau fraîche désaltère mieux que
toute autre chose.

Il faut cependant bien se garder
de boire de l'eau froide, lorsqu'on
est en transpiration. Cette impru-

dence pourrait causer une maladie mortelle.

Dans ce cas, il faut attendre un certain temps avant de boire, et ne prendre ensuite que de petites gorgées.

Il faut bien se garder en tout temps de boire de l'eau trouble ou de celle qu'on trouve dans les fossés et les mares.

Ces eaux sont malsaines et très-nuisibles à la santé.

Mais l'eau sert encore à d'autres usages.

On l'emploie en bains, tantôt froide, tantôt modérément chauffée.

Les bains entretiennent la propreté du corps et le fortifient, surtout les bains de rivière, pendant la belle saison.

Il faut avoir soin de ne jamai se mettre à l'eau lorsqu'on a chaud ou lorsqu'on vient de prendre un repas.

On doit au moins laisser passer trois heures après le moment où l'on a mangé, sinon on s'expose à voir la digestion s'arrêter brusquement, et cette interruption peut causer la mort.

Il ne faut pas non plus rester trop longtemps dans l'eau, tout au plus une demi-heure, sans quoi le bain affaiblit, au lieu de fortifier.

Certains enfants se baignent plusieurs fois par jour; c'est malsain, ne les imitez pas.

Tâchez d'apprendre à nager: la

natation est un exercice très-salutaire et peut vous sauver la vie à vous-mêmes, ou bien vous permettre de secourir votre prochain en danger de se noyer.

Mais soyez prudents et ne vous hasardez pas dans des endroits dont vous ne connaissez pas la profondeur.

Bien des enfants déjà se sont noyés, en s'aventurant dans une eau qu'ils ne connaissaient pas.

L'eau nous est indispensable, d'un autre côté, pour préparer nos aliments, et pour entretenir la propreté de nos habitations et de nos vêtements.

Du linge bien blanc et un plancher bien récuré font plaisir à voir et font honneur à la ménagère.

Une chambre malpropre et du linge sale inspirent le dégoût et annoncent la négligence.

Les animaux mêmes recherchent la propreté : le chat nettoie sans cesse sa fourrure ; les oies et les canards se baignent à chaque instant.

Comment l'homme pourrait-il donc vivre dans la malpropreté !

Certains enfants sont toujours propres, parce qu'ils prennent soin de leurs habits et qu'ils évitent la poussière et la boue.

D'autres sont toujours sales, parce

qu'ils passent partout sans faire attention à leur chemin.

Fi des enfants négligents! on ne les aime guère et on a raison.

———

Il y a encore bien des choses à dire sur l'eau.

C'est elle qui fait tourner les roues des moulins et des fabriques; c'est elle aussi qui porte les bateaux et les entraîne.

La vapeur d'eau met en mouvement une foule de machines, entre autres les locomotives sur les chemins de fer.

En hiver l'eau gèle et se transforme en glace.

Elle monte en l'air sous forme de vapeur et constitue les nuages.

Elle tombe du ciel sous forme de pluie, de neige, de rosée ou de grêle.

Elle fait croître les plantes et forme les sources, les ruisseaux, les rivières, les fleuves, les lacs et la mer.

Un pays où l'eau manque, se change bientôt en un désert: il ne peut y pousser ni herbe, ni arbre, et aucun animal ne peut y exister.

Remercions le bon Dieu de tout notre cœur de nous avoir donné l'eau, car sans elle nous ne pourrions pas vivre.

RÈGLES DE LECTURE.

gné = cne

De l'eau stagnante, une bûche en ignition, la stagnation des affaires.— Un cheval borgne, une plaie saignante, il saigne.

am = ame

om = ome

Abraham, Amsterdam, amnistie, une calomnie, une insomnie, une somnambule.

Ne jouez pas avec les armes à feu.

Xavier était le fils d'un forestier. Il demeurait avec ses parents dans la maison forestière, non loin du village.

Il avait encore trois frères et une sœur, plus jeunes que lui.

Son père était absent presque toute la journée, pour garder le bois.

Sa mère quittait souvent aussi la maison, pour travailler dans les champs ou pour faire des emplettes au village.

Xavier gardait la maison et surveillait ses frères et sa sœur.

Pour faire passer le temps, les enfants s'amusaient à jouer, tantôt dans la cour, tantôt dans le verger qui y touchait.

Un jour, ils eurent l'idée de jouer au chasseur.

Les petits frères faisaient les chevreuils et la petite fille faisait le lièvre.

Xavier était le chasseur et les poursuivait avec un gros bâton, en guise de fusil.

C'était bien jusque-là.

Mais Xavier voulut être un chasseur pour tout de bon, et alla prendre un des fusils de son père.

Il lui était sévèrement défendu de toucher à une arme, mais il se dit en lui-même : Ce fusil n'est pas chargé, et je ne le prendrai que pour un instant.

Malheureusement l'arme était chargée.

«Allons, les chevreuils! s'écria-t-il, en sortant de la maison, sauvez-vous ou je tire.»

— «Rapporte le fusil bien vite, lui

cria la petite fille, ou bien je le dirai à papa.»

Mais Xavier n'écouta pas sa sœur et se mit à courir après ses petits frères.

Ceux-ci se cachèrent derrière la haie, en riant tout haut.

Au bout d'un instant, Xavier aperçut le cadet et le mit en joue.

Le petit garçon ne bougeait pas, car il croyait aussi que le fusil n'était pas chargé.

Mais soudain le coup partit et le pauvre enfant tomba raide mort: toute la charge lui était entrée dans le cœur!

Xavier, effrayé, jeta le fusil et se précipita vers son frère; les autres enfants firent de même.

Ils appelaient le pauvre blessé avec de grands cris; mais il ne répondait point et était pâle comme un linge.

Alors ils virent qu'il était mort et poussèrent des cris lamentables.

Leur père, qui avait entendu le coup de fusil, accourut en ce moment.

Ah! comme le pauvre homme pleura, en voyant le malheur qui venait d'arriver.

Et la mère donc?... cela faisait mal à voir!

Enfants, ne touchez jamais à une arme à feu.

Rappelez-vous toujours cette terrible histoire!

RÈGLES DE LECTURE.

cc = x

Le soleil se couche à l'occident, un grand succès, un accès de colère, un accent aigu, une marche accélérée, un terrible accident.

Accourir, occuper, un accordeur, accuser.

sc = ss

Une scie, mes condisciples, de la sciure de bois, une descente de lit, le sceptre du roi, descendre l'escalier, les disciples de Jésus.

Un beau discours, un instrument discord, un affreux scorpion.

A travers les champs.

Venez, chers enfants, nous allons faire une promenade dans les champs; vous y verrez des choses très-intéressantes.

Toutes ces pièces de terre, cultivées avec le plus grand soin, forment comme un immense jardin.

Suivons le chemin et regardons.

Voici une trèflière en fleurs, où le cultivateur cherche chaque jour du fourrage vert pour ses bestiaux.

A côté s'étend un champ de pommes de terre, d'un vert sombre.

Plus loin nous rencontrons des betteraves, du chanvre, du lin, du colza.

A notre droite aboutissent les innombrables champs de blé, dont on aperçoit déjà les épis.

Voici une pièce plantée de tabac.

Quelles magnifiques feuilles et quelles fleurs admirables!

Au loin se dressent les perches d'une houblonnière.

Comme tout cela est beau à voir, et quelles richesses le bon Dieu accorde aux braves laboureurs!

Mais aussi que de peine ils se donnent.

Depuis le matin jusqu'au soir, ils sont dehors, bravant le froid, la chaleur, la pluie et le vent.

Tantôt ils labourent la terre, tantôt ils sèment, tantôt ils récoltent.

Il y a toujours quelque chose à faire dans les champs, et les braves travailleurs sont bien contents, lorsque le soir est venu et qu'ils peuvent rentrer chez eux pour prendre du repos.

Cependant ils ne se plaignent pas de leurs fatigues; ils sont robustes et aiment le travail. Malheureusement ils ne sont pas toujours récompensés de leurs peines.

Parfois les plantes souffrent par suite de la sécheresse ou de la trop grande humidité; parfois aussi les campagnols et les insectes ravagent les récoltes, ou la grêle vient les abîmer.

Alors les laboureurs sont tout tristes, et on n'entend plus retentir leurs chants au loin dans la plaine.

Heureusement cela n'arrive que

rarement! Le bon Dieu aime tant les gens laborieux, qu'il les bénit presque chaque année.

Il rend la terre fertile; il envoie la rosée et la pluie; il fait luire son beau soleil; il préserve les récoltes et les fait mûrir.

Alors les laboureurs sont contents et joyeux. Ils remplissent leurs caves, leurs greniers et leurs granges de riches provisions, et ils viennent vendre au marché le produit de leurs terres.

Il y a de sottes gens qui méprisent les laboureurs, parce qu'ils portent des habits grossiers, que leurs mains sont durcies par le travail et que leur teint est hâlé par le soleil.

Mais cela n'est-il pas aussi ridicule qu'injuste?

Que deviendrions-nous sans ces braves gens? Où prendrions-nous notre nourriture? d'où tirerions-nous nos vêtements? Ne sont-ce pas eux qui nous fournissent tout ce dont nous avons besoin?

Gardons-nous donc bien, chers enfants, de mépriser les laboureurs; respectons-les, au contraire, et n'oublions jamais qu'ils sont les plus utiles et les plus indispensables parmi les hommes.

RÈGLE DE LECTURE.

ch = k

Chanter en chœur, le pays de Chanaan, un archange, un choriste, l'écho de la montagne, un grand orchestre; deux catéchumènes, des connaissances techniques, le chaos.

— Le chameau, le chaudron, une écorchure.

Mes lapins.

J'ai dans notre étable huit charmants lapins, le père, la mère et six petits.

C'est mon oncle qui m'a donné le vieux couple, lorsque je lui ai souhaité sa fête, il y a deux mois de cela.

Mon père m'a fait une niche d'une vieille caisse, pour mes chères bêtes; j'y ai mis de la paille, et depuis je leur porte chaque jour à manger.

Je leur donne de l'herbe fraîche, du trèfle, du foin, des feuilles de chou, des carottes, des navets, du son, de l'avoine.

Mais je ne leur jette pas la nourriture par terre, où elle serait gâtée. J'ai fait une mangeoire et un râtelier au-dessus, et c'est là que je mets mes provisions.

De plus je nettoie l'étable chaque semaine, car la propreté fait autant de bien aux bêtes qu'aux hommes.

Aussi mes lapins se portent à merveille; ils sont gros et gras, et ils me connaissent si bien, qu'ils viennent à moi dès que je les appelle, et qu'ils mangent dans ma main.

C'est que les bêtes reconnaissent bien vite ceux qui leur veulent du bien et s'y attachent pour tout de bon.

———

Le jour de la Saint-Jean, ma lapine me paraissait toute changée. Elle avait l'air souffrant et son poil était arraché par places.

Aussitôt je cours visiter la niche.

Ciel! quel charmant spectacle!

Il y avait là un nid tout garni de flocons de poils soyeux, et au milieu six charmants petits lapins, pas plus gros que des rats, et encore tout nus.

Je poussai des cris de joie, et mon père, ma mère et ma sœur accoururent pour voir ce que c'était.

Mais la lapine était toute tremblante: elle avait peur qu'on ne fît du mal à ses petits.

Depuis ce moment, j'ai soigné mes lapins avec plus de plaisir encore, et j'ai bien souvent fait des visites à la niche.

Les petits lapins ont grandi fort vite. D'abord ils avaient pour toute nourriture le lait de leur mère, et la bonne lapine leur en donnait abondamment.

Au bout de vingt jours, ils commençaient à quitter la niche et à grignoter des feuilles de chou, et maintenant ils mangent comme des vieux et grandissent à vue d'œil.

Dans dix mois d'ici, ils feront des

4.

petits à leur tour, et bientôt mon étable sera pleine.

Alors je pourrai en vendre au marché, et acheter des livres et des cahiers pour l'argent que j'en retirerai.

En outre nous en pourrons manger un, de temps en temps. Une gibelotte de lapin est un mets délicieux, et mon cher père l'aime beaucoup.

Il pourra s'en régaler souvent.

Mon oncle a eu une excellente idée de me donner un couple de lapins, et je lui en suis très-reconnaissant.

EXERCICE DE LECTURE MÉCANIQUE.

De l'eau stagnante; une bûche en ignition; la stagnation des affaires;

un cheval borgne, une plaie saignante.

Abraham, Amsterdam, amnistie,
calomnie, insomnie, somnambule.

Occident, succès, accès, accent,
accident, occuper, accourir.

Une scie, un disciple, la descente,
descendre, le sceptre; un escalier,
la discorde, le scorpion.

Un chœur, Chanaan, un archange,
l'écho, l'orchestre, le chaos; un
chameau, le chaudron, une écorchure.

———

Le cimetière.

Le cimetière est l'endroit où l'on
porte les morts pour les mettre en
terre.

C'est un vaste enclos, entouré d'un mur percé d'une porte.

Au milieu il y a une longue allée, qui va d'un bout à l'autre.

Au bout de cette allée s'élève un grand Christ en pierre.

A gauche et à droite, des tombes, rien que des tombes !

C'est bien triste à voir, car dans chaque tombe est enterré un père ou une mère, un fils ou une fille, un enfant ou un vieillard.

Certaines tombes sont vieilles déjà et toutes couvertes d'herbe.

D'autres sont fraîches encore et il y pousse des fleurs.

Il y a même beaucoup de fleurs dans le cimetière, mais elles semblent tristes, et personne ne les cueille, car ce sont les fleurs des morts.

Ce serait un péché que de les arracher!

Sur chaque tombe est plantée une croix qui porte le nom et l'âge de la personne qui y est enterrée.

Les pauvres gens n'ont qu'une croix en bois toute simple. La tombe des riches est ornée d'une croix en fer ou d'une pierre tumulaire.

Certaines tombes sont entourées d'un grillage en bois ou en fer.

Les dimanches et les jours de fête, les personnes de la parenté vont visiter les tombes de leurs morts, pour y prier et pleurer.

Souvent elles apportent une couronne d'immortelles pour la suspendre contre la croix ou contre le grillage.

On voit aussi des arbres plantés sur les tombes. Ce sont des sapins, des cyprès, des ifs ou des saules pleureurs.

Le fossoyeur creuse les fosses, à mesure que les personnes décèdent.

Mais le corps seul est mis en terre; l'âme va au ciel, auprès du bon Dieu, pour y vivre éternellement, et y recevoir sa récompense ou sa punition.

La grenouille et le crapaud.

— Ah fi! la vilaine bête, dit le petit Henri en apercevant une grosse grenouille qui se tenait dans l'herbe et qui le regardait fixement avec ses grands yeux brillants; arrive bien vite, cher père, pour la tuer.

— Et pourquoi donc, mon fils, pourquoi la tuer, la pauvrette, t'a-t-elle fait du mal par hasard?

— Non pas précisément, mais elle est vraiment hideuse, et ensuite elle est venimeuse, comme les crapauds.

— Tu es dans une profonde erreur, mon fils: la grenouille et le crapaud ne sont nullement venimeux, ils sont aussi innocents qu'une hirondelle, et de plus ils sont très-utiles à l'homme.

— Mais en quoi donc, s'il vous plaît, mon père?

— Regarde un peu et tu vas voir.

— Tiens, tiens, s'écria Henri, la

grenouille vient d'avaler une grosse sauterelle, et maintenant elle se sauve en sautant au milieu de l'herbe.

— La bonne bête ne fait que cela, depuis le matin jusqu'au soir, mon cher Henri, elle fait la chasse aux sauterelles et aux autres insectes; j'avais donc bien raison de dire qu'elle est une bête très-utile.

Et il en est de même du crapaud, qui, lui aussi, fait la guerre aux mouches, aux vers, aux vermisseaux.

Sans les grenouilles et les crapauds, les insectes dévoreraient toute l'herbe des prairies et toutes les plantes des champs; il faut donc bien se garder de faire du mal à ces pauvres bêtes.

Tiens, Henri, continua le père, je

suis sûr que tu ne sais pas d'où viennent les grenouilles?

— Ma foi, pas trop, mon père.

— En ce cas, viens voir un peu
ce qui se passe dans ce fossé, à côté
du chemin; qu'y vois-tu?

— Un peu d'eau verdâtre, toute
pleine de longs chapelets flottants et
de petites bêtes noires, avec de
grosses têtes et de petites queues
qui remuent.

— Hé bien, cher fils, sache que
ces chapelets flottants sont des œufs
de grenouille ou de crapaud, et ces
petites bêtes à grosse tête, des *têtards*.

La chaleur du soleil fait éclore les
œufs, et de chacun d'eux sort alors
une de ces bêtes noires.

Les têtards grossissent petit à petit

et se changent en grenouilles ou en crapauds, qui bientôt quitteront l'eau et se mettront à chercher des insectes de tout côté.

Les pauvres bêtes ne font pas autre chose pendant toute la belle saison, puis, à l'approche de l'hiver, elles se retirent dans un trou, au fond de l'eau, et y restent, engourdies, comme mortes, jusqu'à ce que la chaleur du soleil les réveille.

Cela arrive au mois d'avril ou de mai; on les voit alors sortir de leurs trous, tout amaigries, pour reprendre la chasse aux insectes.

Beaucoup de grenouilles sont alors prises et vendues au marché, parce que leurs jambes sont très-bonnes à manger.

Les cigognes en dévorent aussi un grand nombre, ainsi que des crapauds; mais il en échappe heureusement toujours assez pour empêcher la trop grande multiplication des insectes.

Tu vois donc, Henri, que le bon Dieu a très-bien fait de créer des grenouilles et des crapauds, et dorénavant tu te garderas bien de les tuer sans nécessité, comme font les gens ignorants et cruels.

RÈGLES DE LECTURE.

Le mois d'*août* = d'ou
La saison d'*automne* = d'autone
Une paire de *bœufs* = bœu
Une douzaine d'*œufs* = d'œu
Le saint *baptême* = batème

Un enfant *baptisé* = batisé

Un beau *baptistère* = batistère

Je sais *compter* = conter

Voici mon *compte* = conte

Un beau *comptoir* = contoir

Un cheval *dompté* = donté

Un superbe *paon* = pan

Une terrible *condamnation* = condanation

Une mort *prompte* = pronte

Une grosse *sangsue* = sansue

Ce champ mesure *sept* ares = sèt ares

La *septième* ligne = sètième ligne

Voici un *signet* = sinet

Une *encoignure* = encognure

Toute la *chrétienté* = crétiinté

Porter le *joug* = jouc

Manger un *oignon* = ognon

J'ai entendu *hennir* = hanir

Une fête *solennelle* = solanelle

Agir *prudemment* = prudament.

Les oiseaux.

Les oiseaux sont des bêtes charmantes et je les aime beaucoup.

Ils volent de tout côté, dans les
jardins, dans les prés, dans les forêts, dans les champs, dans les
buissons, et viennent jusque dans nos
granges.

C'est très-curieux de les voir
fendre l'air avec leurs grandes ailes,
et aller si vite d'un endroit à l'autre,
et quelquefois monter dans le ciel,
si haut, si haut, qu'on ne les voit
presque plus!

Et de plus ils sont très-beaux,
avec leur tête fine, leurs yeux
brillants, leur longue queue et leurs

II   5

plumes délicates, peintes de toutes les couleurs.

Mais ce qu'il y a de plus curieux encore, c'est qu'ils n'ont point de dents.

Leur bec dur et corné leur suffit pour saisir leur nourriture, pour la déchirer, ou pour l'écraser et ensuite l'avaler.

On ne voit point leurs oreilles, parce qu'elles sont cachées sous les plumes; mais la preuve qu'ils en ont, c'est qu'ils entendent le moindre bruit et qu'ils s'envolent bien vite, comme effrayés.

Ils sont si craintifs, les pauvres oiseaux, et ils ont raison : il y a tant de méchants enfants qui cherchent à leur faire du mal !

Les uns leur lancent des pierres, les autres leur tendent des piéges, pour les prendre et les tuer ou les enfermer dans des cages; d'autres arrachent leurs nids, et de cruels chasseurs leur tirent des coups de fusil.

C'est bien mal que cela, et certes le bon Dieu doit voir avec peine qu'on maltraite tant ces innocentes créatures!

Voilà pourquoi aussi les oiseaux sont si farouches et se sauvent en toute hâte, quand ils voient un homme.

Ils savent que nous leur voulons du mal, et ils nous fuient.

Si nous les laissions vivre en paix, ils n'auraient pas plus peur de nous que les pigeons, les poules, les oies ou les canards.

Pour moi, j'aime trop les oiseaux pour jamais leur faire du mal.

Ils sont si gentils et si intéressants, que je ne puis pas assez les regarder.

En outre je sais qu'ils nous sont très-utiles.

Ils dévorent un nombre immense de moucherons, de vers, de hannetons, de sauterelles, de chenilles et d'autres insectes, et une quantité infinie de semences de mauvaises herbes.

Sans doute, ils nous volent parfois des grains et des graines utiles, mais c'est bien peu de chose, et il faut bien que nous les payions un peu pour les services qu'ils nous rendent.

D'ailleurs il suffit de mettre quelques épouvantails dans les récoltes qui mûrissent, pour en éloigner les oiseaux et les empêcher ainsi de commettre de grands dégâts.

La plupart des petits oiseaux chantent très-bien, surtout les rossignols, les alouettes, les chardonnerets, les fauvettes, les linottes, les grives, les merles et d'autres encore.

On ne peut rien entendre de plus beau que le ramage de ces gentils musiciens, au lever de l'aurore; on dirait qu'ils louent le bon Dieu, qui les a créés, et qui leur donne chaque jour les insectes et les graines dont ils ont besoin pour se rassasier.

Chantez, chantez, charmants oiseaux, je ne vous ferai point de mal, et quand l'hiver sera venu et que la terre gelée sera couverte de neige, je viendrai chaque jour vous jeter des graines et des miettes de pain, afin que vous n'ayez pas trop à souffrir, et qu'au retour du printemps vous puissiez me faire entendre encore votre joyeux ramage.

Les nids d'oiseaux.

Les nids d'oiseaux sont très-curieux à voir. Ils ont ordinairement la forme d'une petite corbeille.

Ils sont faits de paille, de mousse, de duvet, de brins d'herbe, de crin de cheval, de rameaux secs, de flocons de laine.

Les oiseaux ramassent ces substances de tous les côtés, et les portent, dans leur bec, à l'endroit où ils veulent bâtir leur nid.

Ils choisissent ordinairement un arbre ou un buisson, quelquefois aussi un trou de muraille ou la corniche d'un toit.

Quelques oiseaux mettent leur nid à terre, au milieu des plantes d'un champ ou dans l'herbe d'un pré.

L'hirondelle bâtit son nid avec de la terre humide; c'est un petit maçon.

Les petits oiseaux font les plus jolis nids; les gros oiseaux ne prennent pas beaucoup de peine: leur nid est grossièrement fait de petites branches et de mousse.

———

Il faut beaucoup, beaucoup de temps à ces pauvres petites bêtes pour bâtir leur nid; elles y travaillent pendant plusieurs semaines.

Enfin il est fini. Alors la femelle y pond des œufs. D'abord un, puis encore un, et ainsi de suite, jusqu'à cinq, six, huit, dix, douze et même vingt.

Ces œufs sont tout petits, mais si jolis qu'on ne peut rien voir de plus beau.

Ils ont toutes les couleurs. Les uns sont blancs comme la neige; les autres jaunes, bruns, gris, ou bleus, ou verts; les autres tachetés de noir ou mouchetés de points rouges.

Dans chaque œuf il y a du blanc et du jaune, comme dans les œufs de poule, et de chacun sortira un petit oiseau.

Mais il faut pour cela que la femelle couve les œufs.

Elle se place sur son nid, et le couvre entièrement de son petit corps et de ses ailes.

Elle y reste jour et nuit et chauffe les œufs; elle les quitte à peine quelques moments pour chercher sa nourriture.

Le mâle reste près d'elle, et lui chante de jolies chansonnettes, pour lui faire passer le temps.

Cela dure longtemps, longtemps, quinze à vingt jours.

Enfin les petits éclosent. Ils sont si faibles qu'ils peuvent à peine tenir la tête, et leur pauvre corps est presque nu; on y voit à peine quelques poils.

Alors le père et la mère les réchauffent tour à tour et leur apportent de la nourriture.

Que de peine ils se donnent, ces bons parents! Depuis le matin jusqu'au soir, ils volent à gauche et à droite, pour chercher de quoi manger pour leurs chers enfants.

A chaque instant on les voit revenir avec une mouche, un ver, une chenille ou une graine tendre.

Les oisillons ouvrent tous à la fois

leur bec, et chacun reçoit à tour de rôle la portion qui lui revient.

Les pauvres parents ne gardent rien pour eux; ils donnent tout à leurs petits; aussi ils sont tout amaigris.

Mais les petits oiseaux grandissent.

Ils sont déjà tout couverts de plumes. Les voilà grands; ils veulent quitter le nid.

Le père et la mère leur apprennent à voler, à chanter, à chercher leur nourriture. Voilà toute la famille qui s'envole: le nid est abandonné.

Mais souvent, hélas! les pauvres oiseaux travaillent en vain. Un vilain oiseau de proie dévore les petits, quelquefois avec la mère.

De méchants enfants arrachent le nid, enlèvent les œufs ou les malheureux oisillons et les enferment dans une cage.

Le père et la mère poussent des cris douloureux et volent tout autour des cruels ravisseurs.

«Rendez-nous nos enfants!» crient-ils.

Mais les méchants n'écoutent pas.

Ils emportent les pauvres bêtes, qui meurent bientôt, parce que leurs parents ne sont plus là pour les soigner.

Ah! les pauvres oiseaux! Ah! les méchants enfants!

Le bon Dieu les punira: ils n'entendront plus chanter les charmants oiseaux; les chenilles mangeront les feuilles et les fleurs des arbres; ils n'auront plus de cerises, plus de pommes, plus de prunes, plus de poires; ils mangeront du pain sec, et ce sera bien fait, pourquoi ont-ils si mauvais cœur!

La moisson.

Les blés mûrissent vers le mois d'août, alors *la moisson* commence.

Les moissonneurs et les moissonneuses s'en vont dans les champs, avant le lever du jour, et se mettent à scier les blés.

On commence par *l'orge*, qui mûrit la première, puis on passe au *seigle*, au *froment* et à *l'avoine*.

L'orge est peu longue d'ordinaire,

voilà pourquoi on la coupe rarement à la faucille ; le plus souvent on la fauche.

Le seigle et le froment sont beaucoup plus longs ; les moissonneurs les coupent, poignée par poignée, et les étendent derrière eux en longues javelles, afin que le soleil durcisse le grain et fasse complétement sécher la paille.

Deux ou trois jours après, on relève les javelles et on en forme des gerbes.

Chaque gerbe est composée de deux ou trois brassées d'épis, liées fortement par un lien de paille.

Toutes les gerbes faites, on les entasse au milieu du champ, par tas de dix, puis on les charge sur un char à ridelles pour les conduire dans la grange.

Au bout de quinze jours ou de trois semaines, tous les blés sont rentrés; alors on procède au *battage*.

Jadis on exécutait le battage à la main, au moyen du fléau, mais aujourd'hui on emploie de préférence la machine à battre.

Cette machine travaille très-vite et très-bien; elle fait à elle seule autant de besogne que douze hommes.

La paille, liée par bottes, sert de litière et de nourriture pour les animaux domestiques; le grain, mis à part, est nettoyé pour être conservé.

Le nettoyage du grain se fait au moyen *du tarare, du crible* et *du van*.

Le tarare enlève la balle et la

poussière; le crible et le van trient le grain et le nettoient complétement.

Le grain est ensuite porté au grenier, où on l'étend par couches, qu'on retourne de temps en temps, afin qu'il ne se gâte point.

Le laboureur vend une partie de son blé et garde le reste, pour en tirer le pain nécessaire à l'entretien de sa famille.

L'orge est achetée par les brasseurs, qui l'emploient pour la fabrication de la bière.

Le seigle pur ne donne qu'un pain noir et lourd.

Le pain de ménage est fait d'un mélange de farine de seigle et de farine de froment.

L'avoine sert principalement à la nourriture des chevaux.

La paille de seigle, qui est très-longue et assez fine, sert à faire des liens de paille et des chapeaux de paille grossiers. Mais pour pouvoir l'utiliser ainsi, il faut battre le seigle au fléau; la machine à battre écraserait et briserait les brins, et on ne pourrait plus s'en servir que comme nourriture ou comme litière pour les bêtes.

La vendange.

La vendange est plus amusante encore que la fenaison ou la moisson; mais elle se fait plus tard, au mois de septembre ou au commencement d'octobre.

Les raisins sont mûrs, il faut les couper.

Tout le monde se rend dans la vigne. Les femmes et les enfants portent des baquets pour y jeter les raisins, et chacun a dans sa poche un couteau bien aiguisé pour les couper.

Les hommes portent des hottes sur le dos, et on amène des cuves et des cuveaux sur une voiture.

Nous voilà au milieu du vignoble.

Que de monde partout, et comme chacun a l'air content! On chante, on rit, on pousse des cris de joie: c'est qu'il fait très-beau et que les ceps de vigne sont chargés d'une quantité énorme de raisins délicieux.

Il y aura d'excellent vin en abondance, voilà pourquoi tout le monde est joyeux.

On se met gaîment au travail.

Les femmes et les enfants coupent les raisins, cep par cep, et en remplissent les baquets.

Les hommes versent les baquets dans leurs hottes, et lorsque celles-ci sont pleines, ils vont les vider dans les cuveaux, placés sur la voiture ou au bout de la pièce de vigne.

Chaque hottée est foulée à mesure qu'elle est versée dans le cuveau, afin qu'on en puisse mettre davantage.

Ce manége continue du matin au soir; mais tout en travaillant, on mange des raisins tant qu'on veut. Ah! que c'est bon!

Tantôt on goûte un blanc, tantôt un rouge; puis du *chasselas*, puis du *muscat*, ensuite du *gentil*.

On ne peut pas cesser d'en manger, tant ils sont doux, parfumés, délicieux. A peine on s'est dit que c'est assez, qu'on en voit de si beaux, de si beaux, qu'il faut les goûter encore!

Aussi quand le dîner arrive, on ne lui fait guère honneur; on se contente d'une tranche de viande froide ou de charcuterie et d'un morceau de fromage.

Le soir, les vendangeurs reviennent fatigués, mais gais encore, et le lendemain la fête recommence, jusqu'à ce que tous les raisins soient rentrés.

Alors le *pressurage* commence et l'on boit *du moût*, aussi doux que du miel.

Par la fermentation, le moût se transforme en vin, qui peut se conserver pendant des années.

Le vin est une boisson agréable, saine et fortifiante, lorsqu'on en use avec modération ; mais pris avec excès, il est très-nuisible et rend malade.

On ne peut rien voir de plus triste et de plus dégoûtant au monde qu'un homme ivre ! Le malheureux ne peut plus se tenir sur ses jambes, et il ne sait ni ce qu'il dit, ni ce qu'il fait.

Fi ! quelle horreur que de s'enivrer ! quelle honte devant les hommes et quel péché devant Dieu !

Le chien fidèle.

Un riche négociant avait un chien très-vigilant et très-fidèle. C'était un magnifique barbet, au poil moutonné et à l'œil intelligent, qui portait le nom de *Barry*.

Le négociant aimait beaucoup la bonne bête et ne l'aurait vendue à aucun prix, car Barry était un gardien excellent pour la maison et, soit de jour soit de nuit, il ne laissait entrer personne dans la maison, sans en avertir les gens par ses aboiements.

Cependant il ne faisait de mal à personne; au contraire, il était doux et caressant, et lorsqu'un ami entrait dans la cour, il courait à sa rencontre et le saluait en remuant la queue et en lui léchant les mains.

Mais il était surtout attaché à son maître et le suivait partout.

Un jour notre négociant se rendit à la foire, dans une ville voisine, pour y vendre des marchandises. Il y réalisa une forte somme d'argent.

Le lendemain, il serra cet argent dans son porte-manteau et l'attacha derrière lui contre la selle de son cheval. Cela fait, il partit pour rentrer chez lui.

Le cheval trottait gaîment sur la route unie, et Barry courait à côté de lui en sautant de joie.

De temps en temps, il tournait aussi autour du cheval, et quand son maître le regardait ou l'appelait par son nom, il jappait de plaisir.

Mais tout à coup les courroies, au moyen desquelles le porte-manteau était attaché à la selle, cédèrent et l'argent tomba, sans que le marchand s'en aperçût.

Barry, lui, le vit très-bien et se mit à aboyer, pour avertir son maître de la perte qu'il venait de faire; mais celui-ci ne comprit pas et continua son chemin.

La fidèle bête redoubla alors ses aboiements, et ne voulut pas se taire, malgré les ordres du négociant; bien au contraire, elle se mit à sauter contre les naseaux du cheval, comme pour l'arrêter dans sa course.

Fâché de ce manége, notre homme

frappa le pauvre chien de sa crava-
che, et comme ce dernier, le museau
couvert d'écume, continuait à chercher à mordre le cheval, le négociant
ne douta plus que Barry ne fût en-
ragé, et lui tira un coup de pistolet.

La malheureuse bête, dangereu-
sement blessée, poussa un gémisse-
ment douloureux et tomba; quant au
marchand, il détourna la tête et continua sa route.

A quelque distance de là, il se re-
tourna dans sa selle et vit avec effroi
que son porte-manteau avait disparu.

Alors il comprit tout, et revint
sur ses pas au grand galop.

Bientôt il vit des traces de sang le
long de la route et il dit: «Pauvre

Barry, va, c'est ton sang, répandu par ton propre maître !...»

Enfin il arriva à l'endroit où l'argent était tombé: le pauvre chien, à moitié mort, était couché à côté du porte-manteau, comme pour le garder.

Le négociant sauta à terre et se jeta sur la bonne bête, en pleurant et en s'écriant: « Ah! mon cher Barry, pourquoi ne t'ai-je pas compris!»

La fidèle créature fixa sur son maître un long regard d'amour, remua faiblement la queue, lui lécha les mains et expira!

La fenaison.

Au mois de juin, quand l'herbe est en fleur, on commence *la fenaison*.

Les faucheurs se rendent dans les prés, dès le matin, et coupent l'herbe avec leurs faux.

C'est un travail très-fatigant; aussi ils s'arrêtent à chaque instant pour souffler et pour aiguiser leurs faux.

Vers les huit heures, lorsque la rosée a disparu, les faneurs et les faneuses arrivent.

Ils portent des fourches en bois et des râteaux, et se mettent à répandre l'herbe coupée, afin que le soleil la fasse sécher.

Mais pour qu'elle sèche bien et vite, il faut la retourner à plusieurs reprises. Cela se fait au moyen des fourches et des râteaux.

Le soir du premier jour, l'herbe est à moitié sèche; alors on la réunit par petits tas, afin qu'elle fermente et qu'elle ne soit pas trop mouillée en cas de pluie.

Le lendemain, on étend de nouveau les petits tas, on retourne encore trois ou quatre fois et le foin est fait.

Alors on en forme de grands tas et on charge le foin sur de grandes voitures à ridelles, pour le conduire dans la grange.

Le foin est une excellente nourriture pour les chevaux, les bœufs, les vaches et les autres animaux domestiques.

C'est pour ainsi dire le pain de ces bonnes bêtes, aussi on leur en donne une portion chaque jour.

Le foin rentré, les prairies sont toutes nues et on n'y voit plus que quelques touffes d'osier.

Mais bientôt l'herbe repousse et, vers le mois de septembre, on peut faucher de nouveau.

Cette seconde coupe forme ce qu'on appelle *le regain.*

Le regain est moins nourrissant que le foin, mais les vaches l'aiment beaucoup, et lorsqu'elles en mangent, elles donnent beaucoup de lait.

Après la coupe du regain, l'herbe repousse encore, mais elle ne devient plus assez longue pour être fauchée; voilà pourquoi on la fait paître par les vaches, les bœufs, les chevaux et les moutons.

C'est très-amusant de voir au milieu des prés les vaches avec leurs veaux, et les juments avec leurs poulains.

Les bonnes bêtes broutent à qui mieux mieux, tout en se promenant à gauche et à droite.

Les veaux bondissent de plaisir; les poulains galopent, et leurs mères les appellent en beuglant ou en hennissant.

Les garçons et les filles qui gardent les bêtes, s'amusent, eux aussi. Ils font toutes sortes de jeux; ils sautent, ils chantent, ils rient.

Souvent ils entassent des branches sèches et allument des feux, pour y faire rôtir des pommes ou des pommes de terre.

Le soir, on ramène les bêtes à l'écurie et à l'étable. Les garçons montent à cheval et reviennent tout joyeux. Les filles chassent devant elles les vaches, dont le pis gonflé est plein de lait délicieux.

Mais l'hiver approche; l'herbe jaunit; le froid survient. Le matin on voit toute la prairie couverte de givre. Enfin la neige tombe et bientôt on n'aperçoit plus rien qu'une vaste surface blanche, où se promènent des bandes de corbeaux.

Parfois aussi le ruisseau qui traverse la prairie, déborde et inonde tout le voisinage.

Quelles magnifiques glissoires

forme cette eau gelée, et comme les garçons s'y amusent!

Mais au retour du printemps, la glace et la neige fondent, l'eau disparaît et l'herbe recommence à pousser. Bientôt on y voit briller aussi une foule de jolies fleurs, blanches, rouges ou jaunes.

La prairie ressemble alors à un immense tapis, que tout le monde regarde avec plaisir, parce que bientôt on pourra y couper du fourrage vert et en régaler les animaux domestiques, qui depuis longtemps n'ont plus rien goûté d'aussi frais et d'aussi succulent.

TABLE DES MATIÈRES.

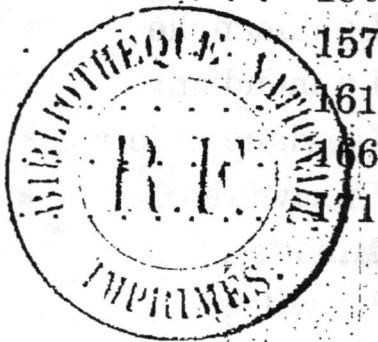

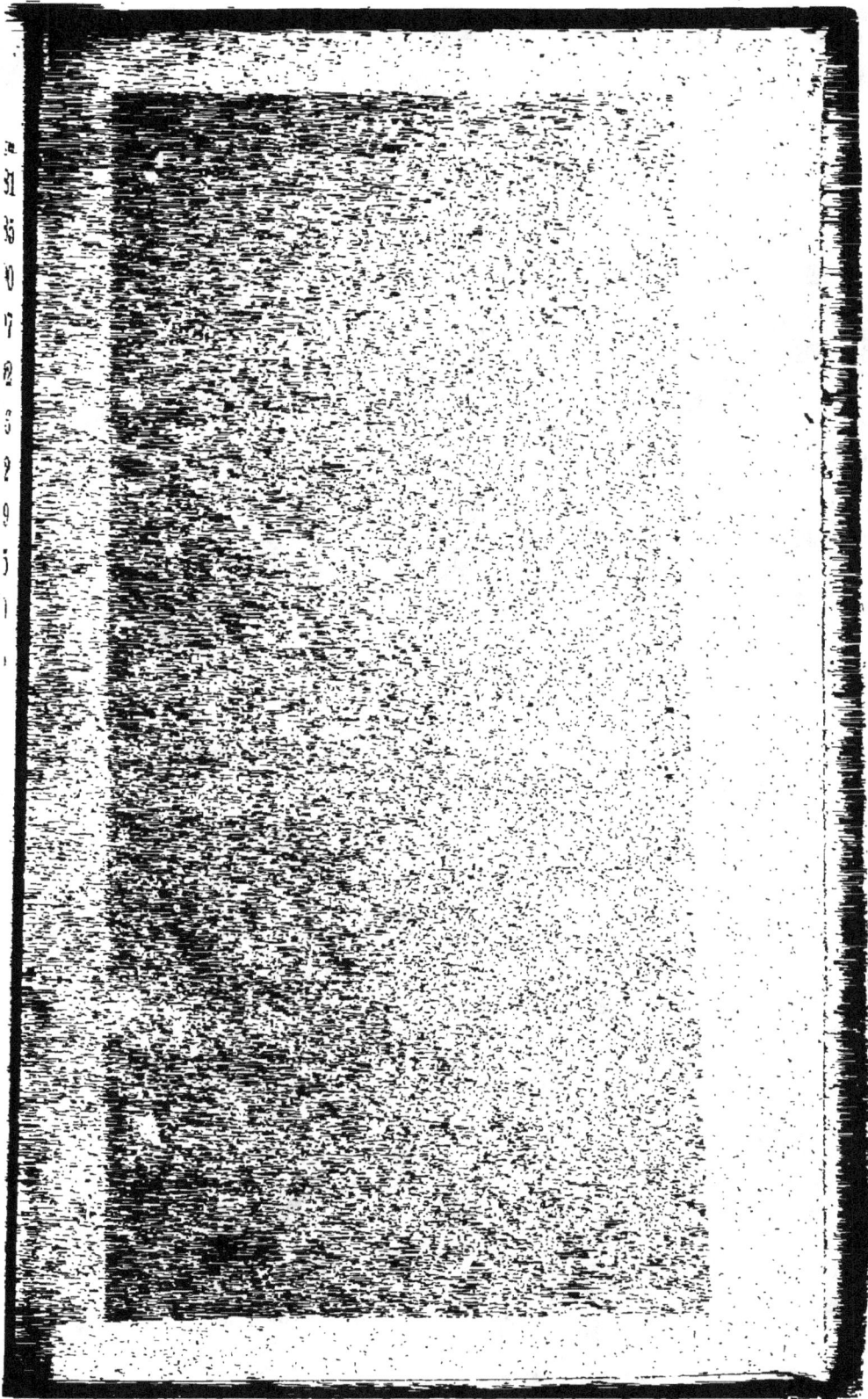

www.ingramcontent.com/pod-product-compliance
Lightning Source LLC
Chambersburg PA
CBHW072238270326
41930CB00010B/2176